地域金融機関の
将来の在り方Ⅰ

―長野県の地域金融機関を事例に（個人取引編）―

飯塚　徹・浜崎　央・藤波大三郎［著］

創 成 社

はじめに

　全国で地域銀行の経営統合・合併が進むなか，長野県では八十二銀行（第一地方銀行）と長野銀行（第二地方銀行）が経営統合し，2026年1月に合併する予定で，地域銀行が1行となる。こうした県民を取り巻く経済・金融環境の変化を前に，2023年6・7月に「長野県内金融機関に関する県民意識調査」（以下，金融調査）を，2,500人を対象に行った。調査の内容は，（1）メインバンクとの関係，（2）地域金融機関の展望，（3）八十二銀行と長野銀行との経営統合，（4）金融リテラシーに関するものである。

　金融調査の結果を，県内各金融機関，長野県，金融当局にフィードバックし，県民の金融面での不安解消，満足度向上を図り，よりよい金融の環境・態勢の構築に貢献したいと考えている。八十二銀行と長野銀行の経営統合・合併は，県民に経済・金融面で大きなインパクトを与えることから，両行には，県民が安心でき，地域経済の持続的な発展に結び付く円滑な合併を実現すべく，タイムリーで適切な情報提供など施策の参考にしていただきたい。県内6信用金庫，長野県信用組合も，地域銀行1行時代に向けて，協同組織の特性をいかし，地域銀行と差別化した取り組みの参考にしていただきたい。健全に競争することで，将来に向け，満足度の高い安定的な金融環境の構築に結実すると考える。県内の健全で安定した金融環境の構築は，県民の幸せな生活，企業等の事業展開・成長，ひいては県内経済の持続的な発展に繋がることからも，長野県にも適切に関与してほしいと考える。

　本書は，こうした経緯・目的により，金融調査の結果分析・考察をベースとして，長野県を事例に，地域金融機関の将来の在り方について考察するものである。こうした金融調査の分析・考察，長野県の事例は，人口減少・少子高齢化が深刻化し疲弊する地域経済を基盤として厳しい状況に置かれている，全国

の地域金融機関の将来の在り方について検討する際に参考になると考える。そうした観点から，金融当局に対しても，フィードバックするものである。地域金融の将来の在り方について解決策を探りたい。

　金融調査の結果（第1章），この結果を踏まえた考察（第2章）から，浮き彫りとなった重要なテーマが，「金融リテラシー」である。「金融リテラシー」とは，「お金に関する知識や判断力」のことで，国民が社会のなかで経済的に自立し，より良い生活を送っていくために欠かすことができないものである。本書では，基本的な「金融リテラシー」に，インターネットバンキングの有効性の理解とリスク対策の習得などを有機的に加えた「長野県版金融リテラシー」の育成を提唱している。第3章では，「長野県版金融リテラシー」の基盤となる基本的な「金融リテラシー」を整理しまとめた。特に，学生（大学生，短期大学生，専門学校生など），高齢者に向けて執筆した項もある。

　本書は，調査・事例報告「長野県内金融機関に関する県民意識調査」松本大学研究紀要第22号（2024年3月15日）を加筆・修正し，「金融リテラシー」に関する章を加えたものである。また，資料編には，調査・事例報告にない，多くの参考となる資料を載せた。資料を読むことで，本書の深い理解ができるようになる。

　本書を，読者のみなさまが，それぞれの立場でわずかでも参考にしていただけると，執筆者一同にとって望外の喜びである。

　最後に，株式会社創成社の中川史郎氏には，出版企画から構成に至るまでお世話になった。御礼を申し上げる。

2024年9月

飯塚徹・浜崎央・藤波大三郎

目　次

はじめに

第1章　金融調査の内容・結果 —————————— 1
　Ⅰ　調査の内容 …………………………………………… 3
　　1．調査の設計および回答状況　3
　　2．調査結果　5

第2章　金融調査からの考察・展開 —————————— 41
　Ⅰ　金融調査からの考察 ………………………………… 43
　　1．メインバンクとの関係　43
　　2．地域金融機関の展望　45
　　3．八十二銀行と長野銀行の経営統合　46
　　4．金融リテラシー　48
　Ⅱ　地域金融機関の在り方の考察 ……………………… 51
　　1．地域金融機関の状況整理　51
　　2．長野県内金融機関の状況整理　56
　　3．長野県金融環境の将来に向けて　59
　Ⅲ　地域金融機関の将来に向けて ……………………… 71
　　【コラム1】地域銀行の経営統合・合併とシナジー効果　74
　　【コラム2】地方公共団体の意思決定と行動　75

第3章　金融リテラシーの基礎・展開 —————————— 79
　Ⅰ　日本の経済と金融の新たな展望 …………………… 81
　　1．日本の金融経済の現状　81
　　2．必要とされる対処策　86

Ⅱ　日本のFPの未来 …………………………………………90
　　1．わが国の労働市場　90
　　2．これからのFP　93
Ⅲ　金融取引の基本 ……………………………………………99
　　1．貨幣の流れ　99
　　2．情報の非対称性　100
　　3．わが国の銀行の概要　110
　　4．銀行の個人取引　114
Ⅳ　重要性が高まる金融リテラシー ………………………… 117
　　1．年金と資産運用　117
　　2．金融教育とナッジ　123
　　【コラム3】WPPと個人年金保険　127
　　【コラム4】個別株投資から分散投資で長期投資へ　129
Ⅴ　学生が考えるべきFPと資産運用 ……………………… 131
　　1．マーケットの知識　131
　　2．目的別の資産運用　133
　　【コラム5】株式に投資する時の注意点　140
Ⅵ　高齢者が考えるべき資産運用・相続・IT ……………… 141
　　1．高齢者の資産運用　141
　　2．高齢者と相続　144
　　3．高齢者とIT　147
　　【コラム6】少子高齢化と高齢者の資産運用　150

あとがき　155

資料編

　資料1　「長野県内金融機関に関する県民意識調査」調査票　157
　資料2　住宅ローンの利用に関し，金融機関から提供してほしい（かった）
　　　　 情報やアドバイス　自由記述　173

資料3　投資信託の購入に関し，金融機関から提供してほしい（かった）
　　　　情報やアドバイス　自由記述　178
資料4　メインバンクに対する要望　自由記述　184
資料5　地域金融機関に対する要望　自由記述　189
資料6　八十二銀行と長野銀行の合併に対する意見　自由記述　192
資料7　日本金融学会2024年度春季大会　報告資料　196

索　引　223

第1章 金融調査の内容・結果

第1章　金融調査の内容・結果　｜　3

　本章は，2023年6・7月に実施した「長野県内金融機関に関する県民意識調査」の内容・結果を示したものである。調査の内容は，(1) メインバンクとの関係，(2) 地域金融機関の展望，(3) 八十二銀行と長野銀行との経営統合，(4) 金融リテラシーに関するものである。すべての設問の内容・結果ではなく，筆者らが重要だと考え，読者のみなさまにとって関心があり，参考になるであろう設問を抽出した。

　金融調査では，設問のなかに自由記述も設け，主要な内容・結果について抽出し，原文のまま巻末の資料編に掲載した。また，調査票も資料編に掲載した。

I　調査の内容

1．調査の設計および回答状況

(1) 調査の設計

　今回のアンケート調査は「一般社団法人長野県世論調査協会」[1]に依頼し「長野県内金融機関に関する県民意識調査」(以下，金融調査)を実施した。調査の設計の詳細を表1-1に示す。調査対象人数の2,500人は，1,000人の回答を見込むのに必要な人数とし，市町村の人口比や男女比，年齢比を考慮し，無作為抽出を行っている。

　また，設問については，(1) メインバンクとの関係 (取引内容，満足度，要望など) について19問 (問1～問19)，(2) 地域金融機関の展望 (期待していること，要望など) について7問 (問20～問26)，(3) 八十二銀行と長野銀行との経営統合 (期待すること，不安なこと，知りたい情報など) について11問 (問27～問37)，(4)

表1-1　調査の設計

調査時期	2023 (令和5) 年6月5日～7月18日
調査対象	長野県内に住む18歳～79歳の男女2,500人
抽出方法	層化三段無作為抽出法。選挙人名簿から抽出
調査地点	19市14町16村の計49市町村　115地点
調査方法	郵送 (一部ファクス・インターネット回収)

金融リテラシーについて 2 問（問 38〜問 39）の全部で 39 問を用意した。そのうち 6 問が自由回答方式，残りが単一（SA）または複数回答（MA）の選択方式である。また，回答者の属性による傾向を分析するため，回答者の年齢や職業に加え，年収や保有金融資産額等も確認している。

（2）回答状況

回答者数として目標であった 1,000 人は達成できなかったが，840 人（男性 414 人，女性 426 人）から有効回答を得ることができた（回答率 33.6％）。回収方法の内訳を表 1 − 2 に，回答者の属性を表 1 − 3（年代別），表 1 − 4（職業別），表 1 − 5（地

表 1 − 2 回収方法の内訳 （ ）内は比率

郵送	649 人	(77.3%)
ファクス	26 人	(3.1%)
インターネット	165 人	(19.6%)

表 1 − 3 有効回答者の年代

	全体	18 歳〜20 代	30 代	40 代	50 代	60 代	70 代以上
人数	840	57	64	118	153	199	249
回答割合	100.0%	6.8%	7.6%	14.0%	18.2%	23.7%	29.6%
県人口割合[*]	100.0%	11.2%	11.1%	15.5%	16.3%	15.0%	30.9%

（[*]県人口割合は，長野県の 18 歳以上の人口（約 168 万人）に対する各年代の人口割合）

表 1 − 4 有効回答者の職業 （ ）内は比率

経営者・役員	42 人	(5.0%)
会社員・団体職員	241 人	(28.7%)
公務員	39 人	(4.6%)
自営業	70 人	(8.3%)
専業主婦・主夫	98 人	(11.7%)
パート・アルバイト	141 人	(16.8%)
学生	10 人	(1.2%)
無職	162 人	(19.3%)
その他	30 人	(3.6%)
不明	7 人	(0.8%)
全体	840 人	(100.0%)

表1-5 有効回答者の地域

地域	人数	回答割合	県人口割合[*]
北信	247 人	29.5%	29.6%
東信	151 人	18.0%	19.7%
中信	196 人	23.4%	24.9%
南信	244 人	29.1%	25.8%
不明	2 人	0.2%	
全体	840 人	100.0%	

（[*]県人口割合は，長野県の18歳以上の人口（約168万人）に対する各地域の人口割合）

域別）に示す。2023年4月の長野県の人口割合[2]）と比較したところ，20代，30代の回答者が少なく，60代の回答者がかなり多い結果となっている。また，地域別にみると，概ね長野県の地域別の人口割合と同等の回答が得られている。

2．調査結果

今回の調査結果の中でも，主な設問に対しての回答を，メインバンクや年収，保有金融資産額などの別に分析した結果を以下に示す。調査結果において，メインバンクは「最も頻繁に使う金融機関」（問1）として，今回は「八十二銀行」（456人），「長野銀行」（29人），「ゆうちょ銀行」（79人），「6信用金庫」（103人），「長野県信用組合」（19人），「JAバンク」（102人）の6機関に分類して分析している。ここで「6信用金庫」とは「長野信用金庫」（19人），「上田信用金庫」（1人），「松本信用金庫」（10人），「諏訪信用金庫」（20人），「アルプス中央信用金庫」（17人），「飯田信用金庫」（36人）の合計（103人）としている。（（ ）内の人数は有効回答者数。）

また，グラフ内の（ ）内の数字は有効回答者数であり，誤差範囲は95％の信頼区間を表示しており，コメント中の有意差があるかどうかは，比率の差の検定により有意水準5％未満（p値<0.05）の場合，有意差があると判断している。

（1）メインバンクとの関係について

ここでは，主にメインバンクとの関係について，取引内容や満足度，要望などの設問ごとの結果と，それらをメインバンク別に分析した結果を示す。

> 問3　メインバンクに対する満足度はいかがですか（SA）
> 　①満足している　②まあ満足している　③あまり満足していない
> 　④満足していない

メインバンクの満足度は「①満足している」と「②まあ満足している」人の割合が合計で88.1％であり，満足度は高い（図1－1）。また，メインバンク別に見ても有意な差はない（図1－2）。

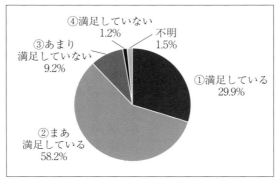

図1－1　【問3】メインバンクに対する満足度

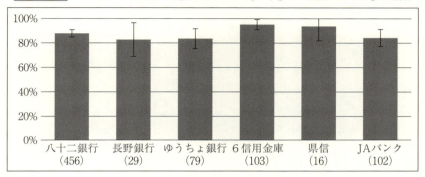

図1−2 メインバンク別の「①満足している」+「②まあ満足している」の割合

問10 投資信託についてお尋ねします。あなたは，投資信託を購入したことがありますか（SA）
①ある ②ない

　投資信託の購入経験は「①ある」が2割程度（20.2%）であり，約8割（78.7%）は経験がない（図1−3）。メインバンク別にみると「JAバンク」（7.8%）と「ゆうちょ銀行」（11.4%）が，「八十二銀行」と比較して有意に低い（図1−4）。また，金融リテラシーの自己評価が高い人の半数（50.9%）が投資信託の購入経

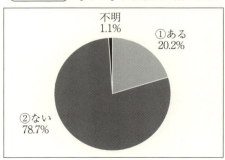

図1−3 【問10】投資信託の購入経験

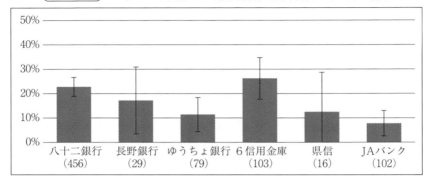

図1-4　メインバンク別にみた投資信託の購入経験がある人の割合

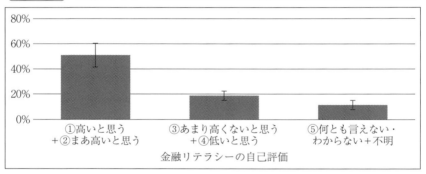

図1-5　金融リテラシーの自己評価別にみた投資信託の購入経験がある人の割合

験があるのに対し，自己評価が低い人は2割弱（18.7％）しか購入経験がなく，自己評価の高い人の購入経験が有意に高い（図1-5）。さらに，年収別にみると，年収が高いほど投資信託の購入経験がある人の割合が高い傾向があるようにみえる（図1-6）。最後に，保有金融資産別にみると，保有金融資産が多いほど投資信託の購入経験がある人の割合が高い傾向があるようにみえる（図1-7）。

第1章 金融調査の内容・結果 | 9

図1-6 年収別にみた投資信託の購入経験がある人の割合

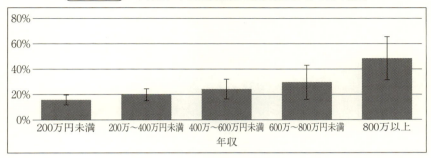

図1-7 保有金融資産額別にみた投資信託の購入経験がある人の割合

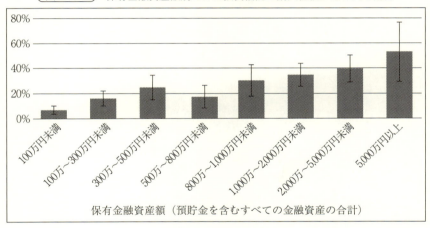

問12 （問10で「ある」とお答えの方にお尋ねします）販売担当者の説明に対する満足度はいかがですか（SA）
①満足している　②まあ満足している　③あまり満足していない
④満足していない

販売担当者の説明については、「①満足している」+「②まあ満足している」人の割合が全体で75.9％であり、満足度は高い（図1-8）。「①満足している」

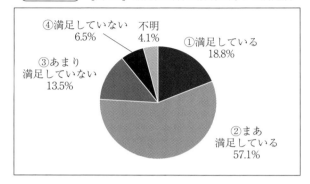

図1-8 【問12】販売担当者の説明に対する満足度

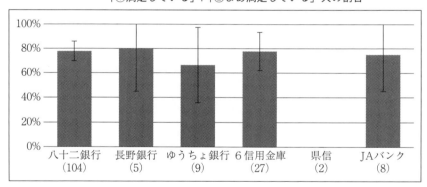

図1-9 メインバンク別にみた販売担当者の説明に対する満足度が「①満足している」+「②まあ満足している」人の割合

+「②まあ満足している」の割合をメインバンク別にみると、「県信」が0%だが投資信託の購入経験のある人が2名だけのため正確なことはいえない。その他は有意な差はない（図1-9）。また、満足している人の割合を年代別にみても有意な差はない（図1-10）。

第1章 金融調査の内容・結果　　11

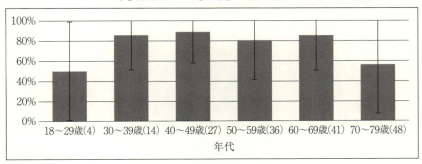

図1-10　年代別にみた販売担当者の説明の満足度が「①満足している」+「②まあ満足している」人の割合

> 問15　保険商品（生命保険，医療保険，損害保険など）についてお尋ねします。ご加入状況をお答えください（SA）
> ①現在，メインバンクを通して加入している　②現在，メインバンク以外を通して加入している　③過去にメインバンクを通して加入していたが解約し，現在は保険商品には加入していない　④過去にメインバンク以外を通して加入していたが解約し，現在は保険商品には加入していない　⑤保険商品自体に加入したことがない

　保険商品の加入状況は「①現在，メインバンクを通して加入」が34.8％，「②現在，メインバンク以外を通して加入」が48.1％で，加入している人の割合は合わせて82.9％と高い（図1-11）。また，メインバンク別にみると，「JAバンク」はメインバンクを通して加入している人の割合が，「八十二銀行」と比較して有意に高い（図1-12）。

図1-11 【問15】保険商品の加入状況

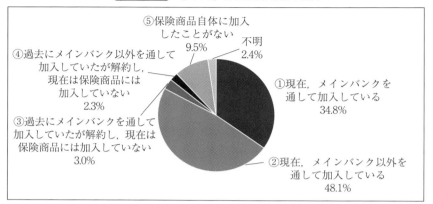

図1-12 メインバンク別にみた保険商品をメインバンクを通して加入している人の割合

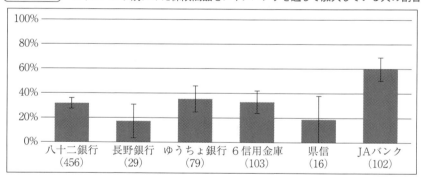

問16　あなたが，ライフステージに応じた資金の備えや，老後に向けた資産形成について，最初に相談したいと思う相手は，次のうちどれですか（SA）
①メインバンクの担当者　②メインバンク以外の金融機関（ネット専業の銀行や証券会社なども含む）　③金融機関以外の専門家（ファイナンシャル・プランナーや保険代理店など）　④家族や友人　⑤その他

最初に相談したい相手の1位は「④家族や友人」で約半数（45.7%）の人が回答している。2位は「③金融機関以外の専門家」で21.0%，3位が「①メインバンクの担当者」で17.1%となっている（図1－13）。メインバンク別にみると1位の「④家族や友人」に相談する割合がとくに高いのは「県信」で75.0%。また，「6信用金庫」や「JAバンク」は，全体では2位の「金融機関以外の専門家」の割合が低く，「メインバンクの担当者」の割合が，「八十二銀行」と比較して有意に高い（図1－14）。

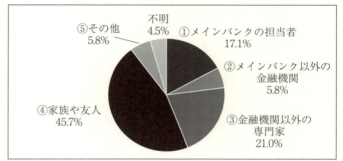

図1－13　【問16】ライフステージに応じた資金の備えや，老後に向けた資産形成について，最初に相談したいと思う相手

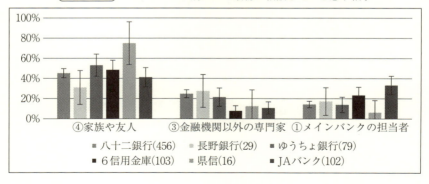

図1－14　メインバンク別にみた最初に相談したいと思う相手

> 問18 あなたは今後も、メインバンクと取引を続けていきたいと思いますか（SA）
> ①メインバンクのみと取引を続けていきたい ②メインバンクを主体として、複数の金融機関と取引を続けていきたい ③複数の金融機関と同程度に取引を続けていきたい ④現在のメインバンクを変更したい

「②メインバンクを主体として、複数の金融機関と取引を続けていきたい」が半数以上（53.9％）であり、「①メインバンクのみと取引を続けていきたい」の29.0％と合わせると、82.9％がメインバンクを中心に取引を続けていきたいと考えていることがわかる（図1－15）。また、メインバンク別にみても有意な差はほとんどないが、「④現在のメインバンクを変更したい」と考えている割合が、「長野銀行」では若干高い（図1－16）。

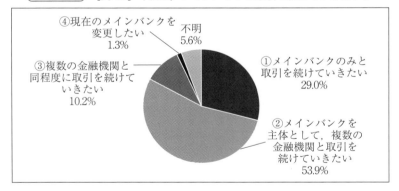

図1－15　【問18】今後も、メインバンクと取引を続けていきたいか

第1章　金融調査の内容・結果　|　15

図1-16　メインバンク別にみたメインバンクと取引を続けていきたいかの割合

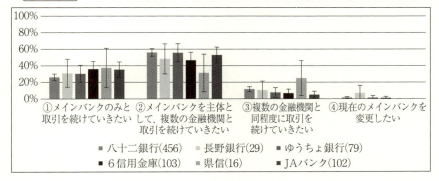

(2) 地域金融機関の展望について

　ここでは，主に地域金融機関の展望について期待していることや要望などの設問ごとの結果と，それらをメインバンク別等に分析した結果を示す。

問20　あなたは，金融機関の店舗窓口を，どのくらいご利用されますか（SA）
　①ほぼ毎日　②週に3回くらい　③週に1回くらい　④2～3週間に1回くらい　⑤月に1回くらい　⑥2～3か月に1回くらい　⑦半年に1回くらい　⑧1年に1回くらい　⑨それ以下

　金融機関の店舗窓口の使用頻度は，週1回以上（「①ほぼ毎日」＋「②週に3回くらい」＋「③週に1回くらい」（以下同様））が1割弱（9.0％），月に1回以上（「①ほぼ毎日」＋「②週に3回くらい」＋「③週に1回くらい」＋「④2～3週間に1回くらい」＋「⑤月に1回くらい」（以下同様））が43.3％となり，半数以上はほとんど窓口を利用していない（「⑥2～3カ月に1回」＋「⑦半年に1回」＋「⑧1年に1回」＋「⑨それ以下」（以下同様）で55.0％）ことがわかる（図1-17）。また，月に1回以上利用する人の割合をメインバンク別にみても有意な差はない（図1-18）。さらに，年代別にみると年代が上がるほど窓口の利用割合は増えている傾向があるようにみえる（図1-19）。

図1-17 【問20】金融機関の店舗窓口の利用頻度

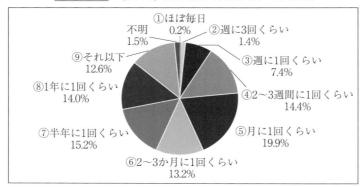

図1-18 メインバンク別にみた月に1回以上金融機関の窓口を利用する人の割合

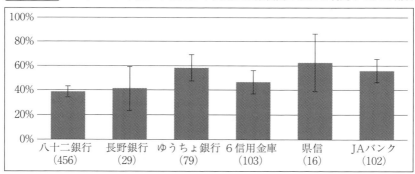

図1-19 年代別にみた月に1回以上金融機関の窓口を利用する人の割合

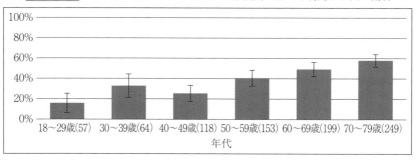

> 問21　あなたは，インターネットバンキング・サービスを利用していますか（SA）
> ①利用している　②利用していない

　インターネットバンキング・サービスを「①利用している」人は3分の1程度（32.6%）であり，3分の2（66.4%）の回答者は「②利用していない」（図1－20）。メインバンク別にみると，「八十二銀行」が他と比べて有意に高く，利用割合は40.6%。それ以外の金融機関は25%以下である（図1－21）。また，年代別にみると50代までは45～50%とほとんど変わらないが，60代で28.6%，70代

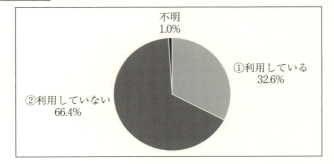

図1－20　【問21】インターネットバンキング・サービスの利用状況

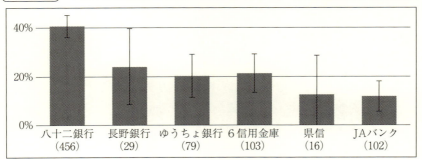

図1－21　メインバンク別にみたインターネットバンキング・サービスを利用している人の割合

図1-22　年代別にみたインターネットバンキング・サービスを利用している人の割合

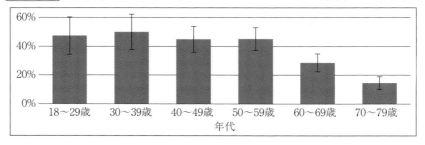

図1-23　金融リテラシーの自己評価別にみた
インターネットバンキング・サービスの利用割合

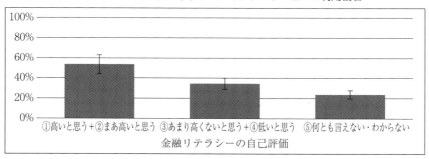

で14.5％と60代以上は利用率が大きく減少している（図1-22）。さらに，金融リテラシーの自己評価別にみると，金融リテラシーの自己評価が高いと考えている人の方がインターネットバンキング・サービスの利用割合は有意に高い（図1-23）。

問23　（問21で「利用していない」とお答えの方にお尋ねします）利用していない理由は何ですか。あてはまるものをすべてお答えください（MA）
①インターネットで取引することにセキュリティ面で不安を感じる　②必要性を感じない　③申込手続きが煩雑そうで面倒　④パスワードなどの設定が面倒　⑤確実に取引できているか不安　⑥店舗・ATMで取引した方が便利　⑦その他

利用していない理由の1位は「②必要性を感じない」で55.9％，続いて「①インターネットで取引することにセキュリティ面で不安を感じる」が38.7％，「⑥店舗・ATMで取引した方が便利」が33.7％，「④パスワードなどの設定が面倒」が30.3％となっており，30％以上はこの4点である。その後は「③申込手続きが煩雑そうで面倒」，「⑤確実に取引できているか不安」と続いている（図1－24）。メインバンク別にみると，有意差があるものもあるが，ほとんど変わらないといえる（図1－25）。

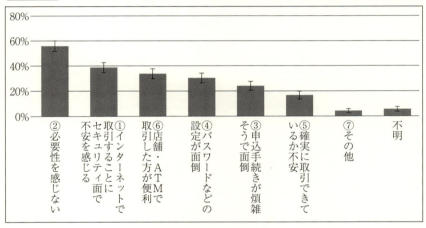

図1－24 【問23】インターネットバンキング・サービスを利用しない理由（複数回答）

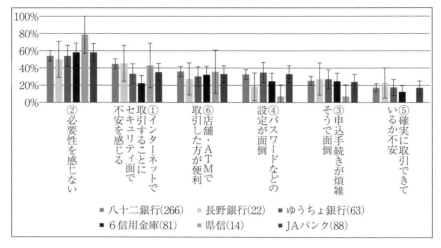

図1-25 メインバンク別にみたインターネットバンキング・サービスを利用していない理由（複数回答）

■八十二銀行(266)　■長野銀行(22)　■ゆうちょ銀行(63)
■6信用金庫(81)　■県信(14)　■JAバンク(88)

問24　あなたは日常生活の中で，現金と現金以外の方法による決済（支払い）の割合（回数）はどれくらいですか（SA）
①ほとんど現金　②現金が8割以上　③現金が6割以上　④現金と現金以外がほぼ同じ（5割程度）　⑤現金以外が6割以上　⑥現金以外が8割以上　⑦ほとんど現金以外

　日常生活で現金の割合が多い人（「①ほとんど現金」＋「②8割以上現金」＋「③6割以上現金」）は約半数（52.6％），現金以外の割合が多い人（「⑤6割以上現金以外」＋「⑥8割以上現金以外」＋「⑦ほとんど現金以外」）が34.0％，「④半々」が12.1％となっている（図1-26）。メインバンク別にみると，「①ほとんど現金」の割合が「長野銀行」，「県信」，「JAバンク」は，「八十二銀行」と比較して有意に高い（図1-27）。また，現金が多い人（「①ほとんど現金」＋「②8割以上現金」＋「③6割以上現金」）の割合を年代別にみても，有意な差はない（図1-28）。

第1章 金融調査の内容・結果 | 21

図1-26 【問24】現金と現金以外の方法による決済の割合

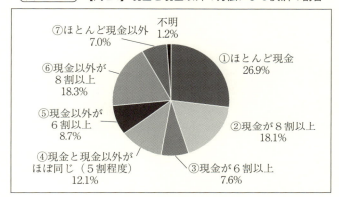

図1-27 メインバンク別にみた「①ほとんど現金」の人の割合

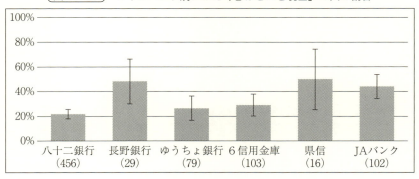

図1-28 年代別にみた「①ほとんど現金」+「②現金が8割以上」+「③現金が6割以上」の人の割合

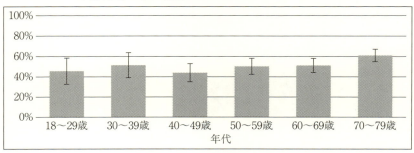

問25 あなたが，今後の地域金融機関（地方銀行・信用金庫・信用組合）に期待していることは何ですか。あてはまるものをすべてお答えください（MA）
①窓口の待ち時間の短縮　②金融犯罪の防止策・対応　③金融トラブル発生時の対応　④より便利な決済サービス　⑤営業時間の延長　⑥商品の購入・口座開設の窓口対応　⑦駐車場などの施設の休日解放　⑧店舗の増設　⑨資産運用などのアドバイス　⑩金融に関する消費者教育　⑪環境問題への対応　⑫社会貢献活動　⑬金融リテラシー（金融・経済に関する知識や判断力）についての教育　⑭その他　⑮特にない

地域金融機関に期待していることの1位は「②金融犯罪の防止策・対応」(32.0％)，2位は「③金融トラブル発生時の対応」(27.5％)，3位が「①窓口の待ち時間の短縮」(25.4％)という回答となった（図1－29）。グラフは割合するがメインバンク別や年代別にみてもとくに有意な差はみられない。

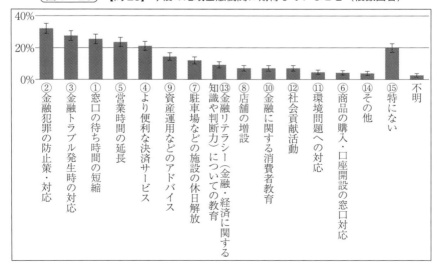

図1－29　【問25】今後の地域金融機関に期待していること（複数回答）

（3）八十二銀行と長野銀行の経営統合について

　ここでは，主に八十二銀行と長野銀行の経営統合について期待することや不安なこと，知りたい情報などの設問ごとの結果と，それらをメインバンク別等に分析した結果を示す。なお，この項目のメインバンク別の分析は，その経営統合の該当行である「八十二銀行（456人）」と「長野銀行（29人）」および「その他（ゆうちょ銀行＋6信用金庫＋長野県信用組合＋JAバンクの合計：300人）」の3機関に分類して分析している。

> 問27　あなたは，八十二銀行と長野銀行が2025年を目途に合併を目指していることをご存じですか（SA）
> 　①よく知っていて関心を寄せていた　②知ってはいたが関心はあまりない　③知らなかった

　合併については，回答者の6割以上（62.8％）が「②知っていたが関心はあまりない」を選択している（図1－30）。メインバンク別にみると，「長野銀行」は「①よく知っていて関心を寄せていた」割合が，「八十二銀行」と比較して有意に高く，逆に「②知ってはいたが関心はあまりない」が有意に低い結果となった（図1－31）。また，年代別にみてみても，「18～29歳」では「③知ら

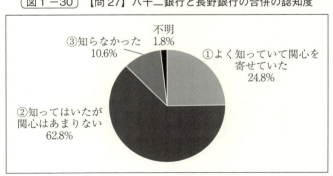

図1－30　【問27】八十二銀行と長野銀行の合併の認知度

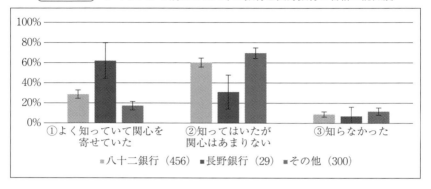

図1−31　メインバンク別にみた八十二銀行と長野銀行の合併の認知度

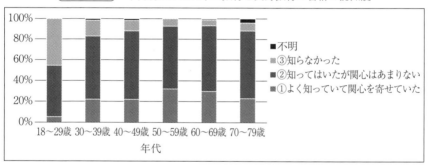

図1−32　年代別にみた八十二銀行と長野銀行の合併の認知度

なかった」が約半数弱（45.6％）だったが，それ以外の年代はあまり差がない（図1−32）。

問28　あなたが，両行の合併に対して期待する点は何ですか。あてはまるものをすべてお答えください（MA）
①経営の安定・強化　②事業領域の拡大　③地域経済・地域産業の発展　④くらしの質の向上　⑤利便性の向上　⑥サービスの維持　⑦課題解決力の向上　⑧その他　⑨特に期待できない

合併に対して期待する点の1位は「①経営の安定・強化」(56.4％) で回答者の半数以上が期待している点としてあげている（図1－33）。メインバンク別にみると，「長野銀行」はほとんどすべての項目で「八十二銀行」より期待する割合が（有意差はないものが多いが）高い結果となった（図1－34）。

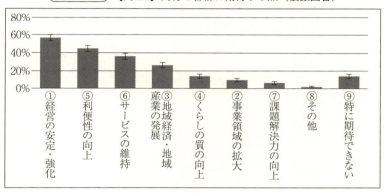

図1－33　【問28】両行の合併に期待する点（複数回答）

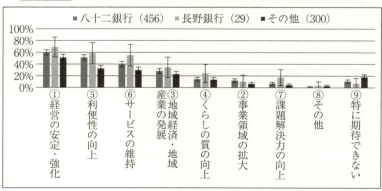

図1－34　メインバンク別にみた両行の合併に期待する点（複数回答）

> 問29 では，両行の合併に対して不安な点は何ですか。あてはまるものを
> すべてお答えください（MA）
> ①経営の弱体化　②店舗やATMの統廃合による利便性の低下　③サービスの低下　④課題解決力の低下　⑤借入が難しくなる　⑥行員との接点が減る　⑦競争環境の低下（選択肢が狭まる）　⑧システムの不具合　⑨既存従業員の雇用問題　⑩その他　⑪特に不安な点はない

　合併に対して不安な点の1位は「②店舗やATMの統廃合による利便性の低下」(43.5%)で，他より10％以上多い。続いて「⑧システムの不具合」(30.4%)，「③サービスの低下」(27.6%)が多く，後は約15％以下となっている。また，「⑪特に不安な点はない」も21.8％と多い（図1－35）。メインバンク別にみると，「長野銀行」は「⑨既存従業員の雇用問題」や「⑤借入が難しくなる」の項目が「八十二銀行」と比較して有意に高い（図1－36）。

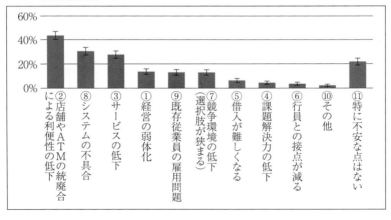

図1－35　【問29】両行の合併に対して不安な点（複数回答）

図1-36 メインバンク別にみた両行の合併に対して不安な点（複数回答）

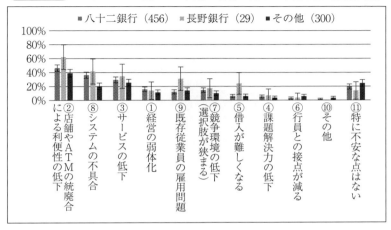

> 問30 あなたは，この合併が，両行に与える影響について，どう思いますか（SA）
> ①両行にとってメリットがある ②八十二銀行にとってはメリットがある ③長野銀行にとってはメリットがある ④両行にとってメリットはない ⑤何とも言えない・わからない

合併が両行に与える影響について，半数以上（57.5％）が「⑤何とも言えない・わからない」と回答し，もっとも多い回答となった（図1-37）。メインバンク別にみると，「長野銀行」は「②八十二銀行にとってはメリットがある」の割合が，「八十二銀行」と比較して有意に高い（図1-38）。

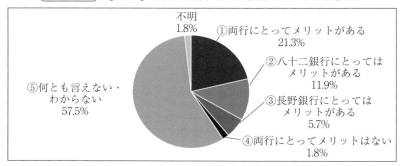

図1-37 【問30】合併が両行に与える影響についてどう思うか

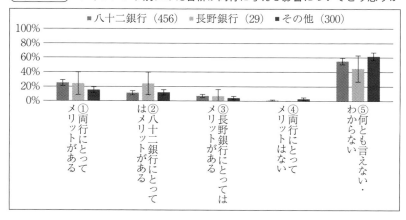

図1-38 メインバンク別にみた合併が両行に与える影響についてどう思うか

> 問31　あなたは，この合併が，両行の顧客に与える影響について，どう思いますか
> ①両行の顧客にとってメリットがある　②八十二銀行の顧客にとってはメリットがある　③長野銀行の顧客にとってはメリットがある　④両行の顧客にとってメリットはない　⑤何とも言えない・わからない

　合併が両行の顧客に与える影響については，約3分の2（65.1％）が「⑤何と

も言えない・わからない」と回答しており,もっとも多い回答となっている(図1－39)。メインバンク別にみても有意な差はみられない(図1－40)。

図1－39 【問31】合併が両行の顧客に与える影響についてどう思うか

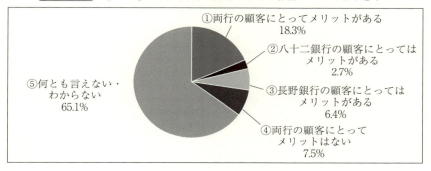

図1－40 メインバンク別にみた合併が両行の顧客に与える影響についてどう思うか

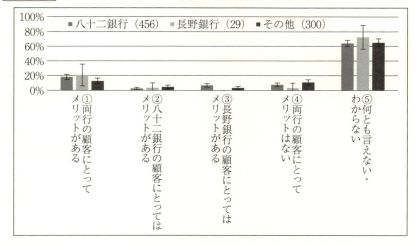

問32 あなたは,この合併が,あなたに与える影響について,どう思いますか(SA)
①良い影響がある ②影響はほとんどない ③悪い影響がある ④まだわからない

合併があなたに与える影響については，約半数（50.4％）が「④まだわからない」でもっとも多く，残りのほとんど（41.2％）が「②影響はほとんどない」という結果となった（図1－41）。メインバンク別にみても有意な差はみられない（図1－42）。

図1－41　【問32】合併があなたに与える影響についてどう思うか

図1－42　メインバンク別にみた合併があなたに与える影響についてどう思うか

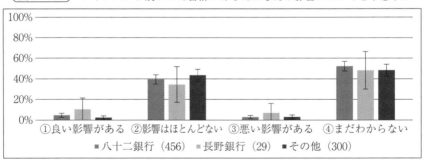

問33　あなたは，この合併が，長野県の経済に与える影響について，どう思いますか（SA）
　　①良い影響がある　②影響はほとんどない　③悪い影響がある　④まだわからない

合併が長野県に与える影響については，約3分の2（63.9%）が「④まだわからない」と回答しており，もっとも多い（図1-43）。メインバンク別にみても有意な差はみられない（図1-44）。

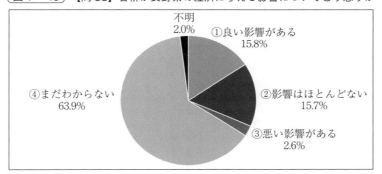

図1-43　【問33】合併が長野県の経済に与える影響についてどう思うか

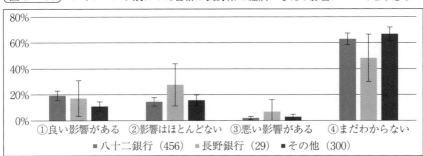

図1-44　メインバンク別にみた合併が長野県の経済に与える影響についてどう思うか

問34　あなたは，この合併について，どのような情報を知りたいですか。あてはまるものをすべてお答えください（MA）
①経営方針　②融資方針　③店舗やATMの統廃合計画　④人員に関する計画（配置・採用・削減）　⑤各種手数料の変更　⑥商品・サービスの変更　⑦現在の通帳やキャッシュカードの取り扱い　⑧システムに不具合が発生した時の対応策　⑨その他

合併について知りたい情報の１位は「③店舗やATMの統廃合計画」で55.2％，続いて「⑦現在の通帳やキャッシュカードの取り扱い」で49.0％，3番目が「⑤各種手数料の変更」で42.5％となっており，この３点が比較的高い（図１－45）。メインバンク別にみると，「長野銀行」の割合は全体的に高いが，とくに「⑦現在の通帳やキャッシュカードの取り扱い」（75.9％），「④人事に関する計画」（27.6％）が，「八十二銀行」と比較して有意に高い。また，有意差があるとまではいえないが「②融資方針」も「長野銀行」は高く，「その他の金融機関」は全体的に有意に低い（図１－46）。

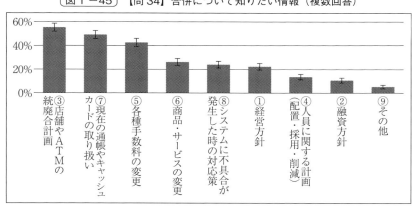

図１－45　【問34】合併について知りたい情報（複数回答）

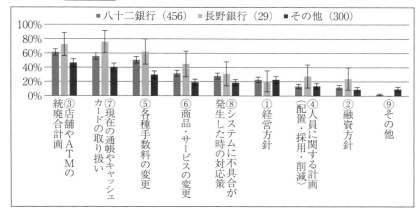

図１－46　メインバンク別にみた合併について知りたい情報

第1章 金融調査の内容・結果 | 33

> 問35 あなたは，両行が示した実施施策のうち「距離で10Km・車で15分圏内に近隣店舗がない場合には店舗を維持する」という基本方針について，どう思いますか（SA）
> ①とても安心した ②その通りになるか不安 ③距離・圏内をもっと狭くするべき ④距離・圏内をもっと広げるべき

店舗の維持の基本方針については，「②その通りになるか不安」がもっとも多く40.0％，続いて「①とても安心した」が29.0％と，好意的にみられているがそうなるかどうかの不安が大きい。変更して欲しい（「③もっと狭くするべき」＋「④もっと広げるべき」）は22.4％と少数という結果となった（図1－47）。メインバンク別にみると「その他の金融機関」の「①とても安心した」が有意に低いが，それ以外で有意な差はみられない（図1－48）。

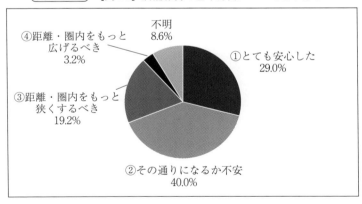

図1－47 【問35】店舗維持の基本方針についてどう思うか

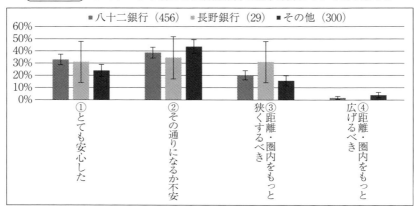

図1-48　メインバンク別にみた店舗維持の基本方針についてどう思うか

(4) 金融リテラシーについて

　ここでは，金融リテラシーの設問ごとの結果と，それらをメインバンク別や年代別等に分析した結果を示す。

問38　あなたは，金融リテラシーが高いと思いますか（SA）
　①高いと思う　②まあ高いと思う　③あまり高くないと思う　④低いと思う　⑤何とも言えない・わからない

　金融リテラシーについて高いと考えている人（「①高いと思う」＋「②まあ高いと思う」（以下同様））の割合が12.9％，低いと考えている人（「③あまり高くないと思う」＋「④低いと思う」（以下同様））の割合が50.9％，「⑤何とも言えない・わからない」人の割合が34.0％という結果となった（図1-49）。メインバンク別にみると「長野銀行」の「低い」の割合が「八十二銀行」と比較して有意に低く，また，「⑤何とも言えない・わからない」の割合が有意に高い（図1-50）。年代別にみると，金融リテラシーの自己評価の割合は変わらないようにみえる（図1-51）。また，年収が高いほど，金融リテラシーの自己評価は高いと考えている人の割合が増え，「⑤何とも言えない・わからない」人の割合が減る傾

図1−49 【問38】金融リテラシーの自己評価

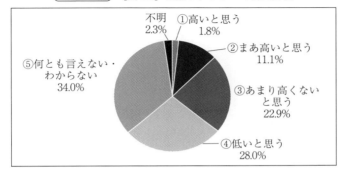

図1−50 メインバンク別にみた金融リテラシーの自己評価

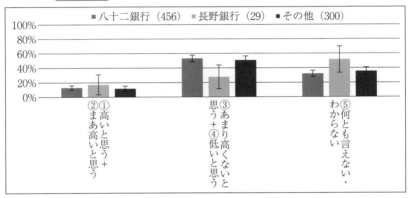

図1−51 年代別にみた金融リテラシーの自己評価割合

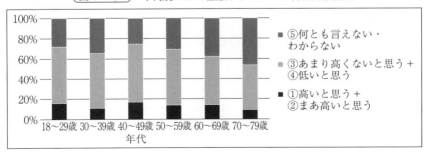

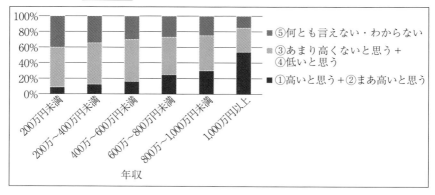

図1-52 年収別にみた金融リテラシーの自己評価割合

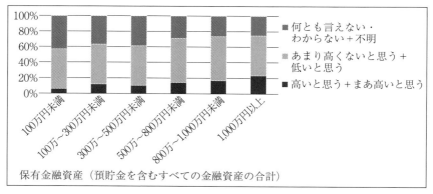

図1-53 保有金融資産別にみた金融リテラシーの自己評価割合

向があるようにみえる。低いと考えている人の割合は1,000万円以上を除き、ほぼ変わらない（図1-52）。さらに、保有金融資産額が高いほど、金融リテラシーの自己評価は高いと考えている人の割合が増え、「⑤何とも言えない・わからない」人の割合が減る傾向があるようにみえるが、低いと考えている人の割合はほぼ変わらない（図1-53）。最後に、金融リテラシーの自己評価別にインターネットバンキング・サービスの利用割合は、金融リテラシーの自己評価が高いと考えている人の方が、低いと考えている人よりも有意にインターネットバンキング・サービスの利用割合が高い結果となった（図1-54）。

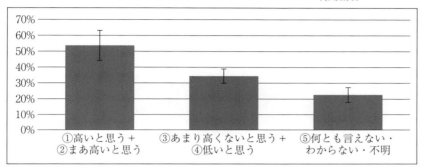

図1−54 金融リテラシーの自己評価別にみた
インターネットバンキング・サービスの利用割合

問39 では，あなたは，金融リテラシーを主体的に身に付けていきたいと
思いますか（SA）
①身に付けたいと強く思う　②機会があれば身に付けたいと思う
③あまり必要ないと思う　④まったく必要ないと思う

　金融リテラシーを身に付けたいと考えている人（「①身に付けたいと強く思う」＋「②機会があれば身に付けたいと思う」（以下同様））の割合は53.1％で，半数をやや超えるくらいという結果となっている（図1−55）。メインバンク別に身に付けたいと考えている人の割合をみると，「信用金庫」「県信」「JAバンク」が，「八十二銀行」と比較して，身に付けたいと考えている人の割合が有意に低い（図1−56）。年代別にみると，年代が上がるほど身に付けたいと考えている人の割合は減少する傾向がある（図1−57）。また，年収別にみると，年収が上がるほど，身に付けたいと考える人の割合は増加する傾向があるようにみえる（図1−58）。最後に，保有金融資産別にみると，保有金融資産が上がるほど，身に付けたいと考えている人の割合はわずかではあるが，増加する傾向があるようにみえる（図1−59）。

図1－55　【問39】金融リテラシーを主体的に身に付けたいと思うか

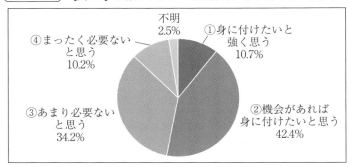

図1－56　メインバンク別にみた金融リテラシーを身に付けたいと考えている人（「①身に付けたいと強く思う」＋「②機会があれば身に付けたいと思う」）の割合

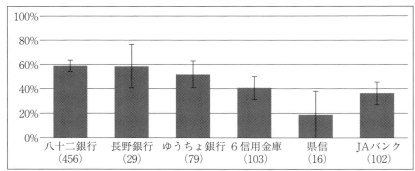

図1－57　年代別にみた金融リテラシーを身に付けたいと考えている人（「①身に付けたいと強く思う」＋「②機会があれば身に付けたいと思う」）の割合

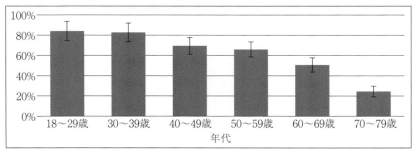

第 1 章　金融調査の内容・結果　| 39

図1-58　年収別にみた金融リテラシーを身に付けたいと考えている人
（「①身に付けたいと強く思う」＋「②機会があれば身に付けたいと思う」）の割合

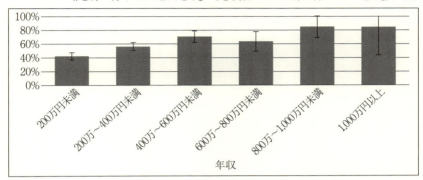

図1-59　保有金融資産額別にみた金融リテラシーを身に付けたいと考えている人
（「①身に付けたいと強く思う」＋「②機会があれば身に付けたいと思う」）の割合

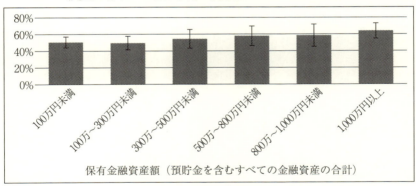

【注】
1）一般社団法人 長野県世論調査協会
　　http://www.nagano-yoron.or.jp（閲覧日 2023.10.1）
2）長野県，毎月人口移動調査（2023），
　　https://www.pref.nagano.lg.jp/tokei/tyousa/jinkou.html（閲覧日 2023.10.1）

第2章

金融調査からの考察・展開

第2章　金融調査からの考察・展開　|　43

　本章は，前章の金融調査の内容・結果を踏まえ考察を行い，展開として地域金融機関の将来の在り方を探ることに主眼を置いている。金融調査の各章からの考察を，金融実務を踏まえて行った。そして，地域金融機関の将来の在り方として，金融機関の市場・状況を整理した上で，長野県金融環境の将来に向け，「店舗の統廃合」と「健全な競争」について，顧客と金融機関からの観点をインタラクティブ（双方向）に整理・考察し述べた。

　各金融機関の経営努力が求められるが，県内金融機関の連携・協働した取り組みも有効性が高く，多くの県民の生活に深く関わることから長野県にも適切に関わってほしいことを述べた。

I　金融調査からの考察

1．メインバンクとの関係

　メインバンクの満足度は，満足している人が88％であり，総じて高いことがわかった。

　代表的な金融商品で各金融機関が販売に注力する投資信託について，購入経験者は約2割で，いまだ十分に浸透していないことがわかる。特に，ゆうちょ銀行，JAバンクが低い。投資信託の販売については，いまだ未開拓と評価でき，「新しいNISA」（2024年から）[1]の活用で推進すべきである。伸びしろは大きいと思われる。「新しいNISA」の制度内容，これまでのNISAの制度内容を，表2－1，表2－2で整理し示した。

　金融リテラシー[2]の自己評価が高い人の半数（50.9％）が投資信託の購入経験があるのに対し，自己評価の低い人は2割弱（18.7％）しか購入経験がない。金融商品の販売に向けて，金融リテラシーの重要性がわかる。年収の高い人，保有金融資産の多い人ほど，投資信託の購入経験があることがわかる。

　保険商品（生命保険，医療保険，損害保険）は，メインバンクを通して加入（34.8％）よりも，メインバンク以外を通して加入（48.1％）しているほうが多い。ライフステージに応じた資金の備えや，老後に向けた資産形成について最初に

表2-1　「新しいNISA」の制度内容

	つみたて投資枠	併用可	成長投資枠
年間投資枠	120万円		240万円
非課税保有期間(注1)	無期限化		無期限化
非課税保有限度額（総枠）(注2)	1,800万円 ※簿価残高方式で管理（枠の再利用が可能）		
			1,200万円（内数）
口座開設期間	恒久化		恒久化
投資対象商品	長期の積立・分散投資に適した一定の投資信託（現行のつみたてNISA対象商品と同様）		上場株式・投資信託等(注3) ①整理・監理銘柄②信託期間20年未満、毎月分配型の投資信託及びデリバティブ取引を用いた一定の投資信託等を除外
対象年齢	18歳以上		18歳以上
現行制度との関係	2023年末までに現行の一般NISA制度において投資した商品は、新しい制度の外枠で、現行制度における非課税措置を適用 ※現行制度から新しい制度へのロールオーバーは不可		

（注1）非課税保有期間の無期限化に伴い、現行のつみたてNISAと同様、定期的に利用者の住所等を確認し、制度の適正な運用を担保
（注2）利用者それぞれの非課税保有限度額については、金融機関から一定のクラウドを利用して提供された情報を国税庁において管理
（注3）金融機関による「成長投資枠」を使った回転売買への勧誘行為に対し、金融庁が監督指針を改正し、法令に基づき監督及びモニタリングを実施
（注4）2023年末までにジュニアNISAにおいて投資した商品は、5年間の非課税期間が終了しても、所定の手続きを経ることで、18歳になるまでは非課税措置が受けられることとなっているが、今回、その手続きを省略することとし、利用者の利便性向上を手当て

出所：金融庁ホームページ
　　　https://www.fsa.go.jp/policy/nisa2/about/nisa2024/index.html （閲覧日 2024.2.10）

表2-2　これまでのNISAの制度内容

	つみたてNISA（2018年創設）	選択制	一般NISA（2014年創設）
年間投資枠	40万円		120万円
非課税保有期間	20年間		5年間
非課税保有限度額	800万円		600万円
口座開設期間	2023年まで		2023年まで
投資対象商品	長期の積立・分散投資に適した一定の投資信託（金融庁の基準を満たした投資信託に限定）		上場株式・投資信託等
対象年齢	18歳以上		18歳以上

出所：金融庁ホームページ
　　　https://www.fsa.go.jp/policy/nisa2/about/nisa2024/index.html （閲覧日 2024.2.10）

相談したい相手として，メインバンクの担当者は低く（17.1％），金融機関の窓口・渉外担当者（FP, MA）が，広く専門知識を有し，顧客のきめ細かなニーズに沿って提案できれば，ワンストップの保険商品，ひいては広く金融商品販売に結び付く。これは，金融機関側にとっても，顧客としても望まれることである。

「メインバンクを中心に取引を続けて行きたい」が8割超（82.8％）であり，県民はおおむねメインバンクに満足している。「メインバンクを主体として，複数の金融機関と取引を続けていきたい」が半数以上（53.8％）であり，八十二銀行と長野銀行との合併で，地方銀行のみ取引の人の動向（信用金庫，信用組合と取引を開始するか）に留意すべきである。

2．地域金融機関の展望

　金融機関の窓口店舗を週1回以上利用している人は1割弱（9.0％）で，2ヵ月以上の間隔がある人が半数以上（55.0％）であった。年代別にみると，年代が上がるほど窓口の利用割合は増加する傾向がある。

　インターネットバンキングを利用している人は3分の1程度（32.6％）で，3分の2（66.4％）は利用していない。八十二銀行の利用割合が高く（40.6％），他の金融機関は25％以下（信用金庫は21.4％　県信用組合は12.5％）であった。

　年代別にみると，50歳代までは45－50％とほとんど変わらないが，60歳代で28.6％，70代で14.5％と，60歳代以上は利用率が大きく減少している。

　これらから，数年後には店舗の利用頻度が少なく，インターネットバンキングを常時利用している層が高齢者となることがわかる。数年後に利用者環境が大きく変わり（パラダイムシフト），店舗の統廃合を進めるべき理由・環境となる。

　また，金融リテラシーの高さとインターネットバンキングの利用は有意となった。利用していない，最も多い理由は，必要性を感じない（55.9％）であり，地域銀行一行時代，金融リテラシー教育で，インターネットバンキングの必要性，有効性，リスク対処策を知ってもらうことは極めて重要である。金融リテラシー教育を積極的に進めることが，店舗の統廃合をスムーズに進めることに

表2-3 県内地域金融機関のインターネットバンキングの比較

八十二銀行	県内信用金庫	長野県信用組合
照会サービス	○	○
無通帳口座サービス（e-リヴレ）	○（通帳レス口座）	○（ナイスパスWeb）
振込・振替サービス	○	○
料金払込サービス 注（ペイジー決済）	○	○
定期預金・財形預金受付サービス	△	×
外貨預金受付サービス	×	×
投資信託受付サービス	△	×
電子交付サービス	×	×
個人向け国債受付サービス	×	×

（注）Pay-easy（ペイジー）とはこれまで，請求書や納付書と現金を持って金融機関やコンビニの窓口で支払っていた，公共料金，携帯電話料金，自動車税，国民年金保険料やインターネットショッピングの購入代金などを，金融機関のインターネットバンキング，モバイルバンキングやATMから支払えるようにするサービスである。
出所：各金融機関ホームページから筆者作成。

結び付くと考えられる。

　そして，「現金が6割以上」が約半数（52.5％）で，18-29歳，30歳代，40歳代でも4割を超えていた。キャッシュレス化が進展すれば，店舗・ATMの統廃合も相乗的にスムーズに進めることができると考えられる。

　県内地域金融機関のインターネットバンキングで可能な取引を整理し示した（表2-3）。八十二銀行が最も充実しており，比較して，県内信用金庫および長野県信用組合で，当該取引が可能か（○），一部可能か（△），不可能か（×）を示した（表2-3）。

3．八十二銀行と長野銀行の経営統合

　八十二銀行と長野銀行が合併を目指していることについて，9割近くは知っていたが，6割以上（62.8％）が「知っていたが関心はあまりない」であった。合併に期待する点は，「経営の安定・強化」（56.4％），「利便性の向上」（44.6％），

「サービスの維持」（36.2％）であった。長野銀行メイン顧客は，ほとんどすべての項目で「八十二銀行」より期待する割合が高く，比較的に期待の大きさがうかがえる。

　不安な点の1位は「店舗やATMの統廃合による利便性の低下」（43.5％）で，他より10％以上高い。最も知りたい情報は，「店舗やATMの統廃合計画」（55.2％）で関心の高さがわかる。八十二銀行からの，2023年10月17日付けニュースリリース「共同店舗化のお知らせ」，12月15日付けニュースリリース「経営統合に伴う店舗統廃合のお知らせ」で，「関心はあまりない」と回答した層も，合併の実感が湧いたと思われる。

　八十二銀行が示した実施施策「距離で10km・車で15分圏内に近隣店舗がない場合には店舗を維持する」という基本方針（図2-1）について，とても安心した（29.0％），その通りになるか不安（40.0％）であった。距離・圏内をもっと狭くするべきという割合も19.2％あったことに留意すべきである。

　不安な点で，長野銀行メイン顧客は「既存従業員の雇用問題」「借入が難しくなる」が有意に高い。また，知りたい情報として，融資方針が有意差は無い

図2-1　合併後の店舗施策

出所：八十二銀行「経営統合共同記者会見資料」（2023年6月1日）

が高い。

4．金融リテラシー

　金融リテラシーを高いと思うが1割程度（12.9％），低いと思うが半数程度（50.9％），何とも言えない・わからないが34.0％であった。金融リテラシーの自己評価は想像以上に低い。金融広報委員会実施の金融リテラシー調査（2022年）[3]によると，長野県民の金融リテラシーは比較的高く，「金融リテラシー・ギャップ」（「客観的評価」と「自己評価」の差）があると思われる。そして，この素地（金融リテラシーの高い県民性）に対し，長野県モデル（「インターネットバンキングの必要性・有効性の理解とリスク対策の習得」などを有機的に加える）の金融リテラシー教育を効果的に行うことで，県内金融機関の合理的な経営（業務の効率化など），かつ県民の金融環境（利便性の向上，リスク管理など）を高めることに結び付くと考える。

　年代別にみると，金融リテラシーの自己評価は変わらず，年収が高い，金融資産が多いほど，金融リテラシーの自己評価は高いことがわかる。あわせて，金融リテラシーの自己評価の高さとインターネットバンキングの利用割合の高さが有意であることにも留意すべきである。

　金融リテラシーを身につけたいと考えている割合は53.1％で，半数をやや超えるくらいである。必要ないと考えている人が44.4％であった。地域銀行メイン顧客と比較して，協同組織（信用金庫，信用組合）メイン顧客が有意に低いことがわかる。年代別にみると，年代が上がるほど，身につけたい人の割合は減少する傾向がある。60歳以上は低く，70歳以上は極端に低いが，高齢者ほど，保有資産が多く，習得すべきと考える。保有金融資産が多いほど，金融リテラシーを身につけたい割合はわずかながら増加する傾向にある。

　こうした調査結果から，金融機関として，投資信託をはじめ金融商品の販売，インターネットバンキングの利用を推進するためには顧客の金融リテラシーを高めることが有効と考えられる。まず身につけたいと考えている顧客に機会を提供し，必要ないと考えている顧客に必要性を説明することが重要である。こ

第2章　金融調査からの考察・展開　|　49

れには，各金融機関の真摯な取り組みが求められるが，県内金融機関で共同した取り組み，さらに，長野県，金融当局も巻き込んだ一体的な取り組みが極めて有効であると考える。金融リテラシーの長野県モデルの一体的な取り組みは，先進的な取り組みとして実現すべきで，全国でも参考になると考えられる。

　金融庁および金融広報中央委員会作成の金融リテラシーに関する資料を図2－2（金融リテラシー4分野15項目），図2－3（金融リテラシーマップ）で示した。

図2－2　金融リテラシー4分野・15項目

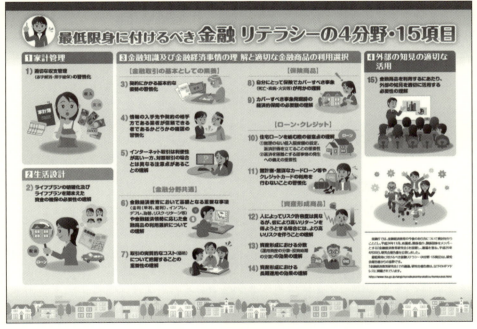

出所：金融庁「金融経済教育研究会」報告書（2013年4月30日）

図2−3　金融リテラシー・マップ

年齢別	小学生	中学生	高学生	大学生	若年社会人	一般社会人	高齢者
習得すべき内容	買い物やこづかい、お年玉・手伝いなどの体験を通じて、お金に関わる経験・知識・技能を身につけ、社会の中で生きていくための素地を身につける （例） ・こづかい帳をつける ・商品の選び方を知り、工夫して買い物ができるようになる ・貯金の意義を理解し、計画的に貯蓄する習慣を身に付ける	こづかい管理や買い物の経験などの体験を通じて理解を深め、家計や生活設計について理解し、将来の自立に向けた基本的な能力を養う （例） ・家計の収入・支出について理解を深める ・職業体験などを通じて、勤労を体感について学ぶ。情報を収集する	生活設計の重要性や社会的責任について理解し、社会人として自立するための基礎的な能力を養う （例） ・長期的な資金管理の大切さを理解する ・進路選択などを通じて、意思決定の重要性を理解する	社会人として自立するための能力を確立 （例） ・仕送りなどの収入で学費、生活費などの支出を管理する ・クレジットカードを利用する場合の支払いなどを理解し、可能な範囲で利用する ・金融商品の利用にあたってのリスクとリターンについて理解する ・卒業後のライフプランを具体的に描く ・職業選択に必要な能力開発・資格取得 ・基本的な金融商品の仕組みや特性を理解する	生活面・経済面で自立 （例） ・給与天引き預金などの工夫を行い、貯蓄行動の定着をさせる ・収入のうちの手取り額、生活費などの支出を把握する ・公的年金・保険の内容を把握し、必要に応じて民間の長期的な保障などに加入を考える ・キャリア計画を立て、必要な自己啓発を行う ・様々な金融商品の性質を理解し運用する ・金融商品の利用には、外部の知見も活用する必要があることを理解する	社会人として自立し、本格的な責任を担う （例） ・住宅購入や子どものライフイベントについて必要な知識やノウハウを習得し、資金管理を行う ・死亡や疾病、火災など不測の緊急時の事態を想定し、貯蓄、保険加入などを適切に行う ・家計の改善に努め、黒字を確保し、貯蓄や投資を通じて将来に向けた資産形成を行う ・必要に応じて住宅ローンなどの負債も計画的・有効に利用できる	定年退職後、年金生活 （例） ・年金受給額などの範囲で支出を行えるようライフスタイルに切り替える ・判断力や理解力が必要な場合の資産の管理・運用の準備を行う

出所：金融広報中央委員会「知るぽると」ホームページ
https://www.shiruporuto.jp/public/document/container/literacy/（閲覧日 2024.2.10）
七十七銀行「大人のための金融知識」
https://www.77bank.co.jp/financial-column/article05.html（閲覧日 2024.2.10）

II 地域金融機関の在り方の考察

1. 地域金融機関の状況整理

　地域金融機関（地域銀行（第一地方銀行，第二地方銀行），信用金庫，信用組合）は，長引く低金利政策による利鞘の減少，民間部門が資金剰余のため資金需要の減少，人口減少，少子高齢化などの環境下，厳しい経営状況に陥っている。

　日本銀行は，2028年度に地域銀行の約6割で，純損益が赤字になるとの試算を公表した（2019年4月）[4]。そして，日本銀行は，経営統合を実行する地域銀行に，日本銀行が預かる当座預金の残高に0.1％の上乗せ金利を支払う，事実上の補助金を出す制度を2021年3月から3年間の時限措置として実施している。金融庁も，経営統合する地域銀行に対し，システム統合などの費用の一部を補助する交付金制度の創設を盛り込んだ「改正金融機能強化法」を2021年5月19日に成立させた（2026年3月末までの時限立法）。また，同一地域内の地域銀行が合併し，寡占状態となっても独占禁止法を適用しない「特例法」（地域における一般乗合旅客自動車運送事業及び銀行業に係る基盤的なサービスの提供の維持を図るための私的独占の禁止及び公正取引の確保に関する法律の特例に関する法律）も2020年11月27日に施行された（2030年11月27日までの時限立法）。

　金融当局は，地域銀行の再編を推し進めるため支援策を充実させるが，地域銀行の動きは金融当局の要望するスピード感ではなく「鈍い」と評価される。特に，第一地方銀行の合併は長期において進展していない（表2–4）。経営統合（持株会社）は増加しているが[5]，これは形式的な要素が強くモラトリアムであり，再編の効果である店舗・人員のリストラ，ひいては収益の改善に結び付かない[6]。ここ数年で，地域銀行における経営統合から合併を実現する先が表れている[7]。今後の動向を注視したい。

　ここで，地域銀行の再編が進展しないのは，市場の規律付けの欠如が重要な一つの要因であると考えられる。なぜなら，銀行経営陣の経済合理的な再編に向けた意思決定は，市場からの評価・行動を受けて行われるが，現状において

表2−4　金融機関数の推移

	1980年	1990年	2000年	2010年	2020年	2022年	42年間減少率
都市銀行	13	12	9	6	5	5	−62%
第一地方銀行	63	64	64	63	62	62	−2%
第二地方銀行	71	68	57	42	38	37	−48%
信用金庫	462	451	372	271	254	254	−46%
信用組合	484	408	281	158	145	145	−70%
合計	1,093	1,003	783	540	504	503	−54%

出所：金融庁資料をもとに筆者作成

　預金保険制度にモラルハザードが発生しており，預金者等に当該銀行に対する評価・行動（預金の預け替えを行うなど）のインセンティブが十分に働かず，市場規律の仕組みが有効に機能していないからである。さらに，金融機関の不十分な情報開示（ディスクロージャー）により，預金者等が当該金融機関を的確に分析・評価できないことも要因であると考えられる。そして，第一地方銀行である足利銀行（栃木県）が救済されたことから，地域内におけるTBTF（Too big to fail）問題（地域内で預金・貸金の高いシェアを占めていれば救済される）が根底に存在しているかもしれない。

　すべての地域金融機関が生き残れる環境でないことは，金融当局などの調査・研究により明らかであり，今後，一層厳しい経営環境になることが予想される。地域金融機関が健全経営を行い，地域とともに持続的に成長・発展していくためには，適正で健全な市場（必要とされる金融機関（だけ）が，適正な規模で存続できる市場）の創造が必要である。

（1）地域銀行

　全国における地域銀行の状況を表2−5で示した。地域銀行が，府県に1行のみは，埼玉県（武蔵野銀行）[8]，石川県（北國銀行），山梨県（山梨中央銀行），滋賀県（滋賀銀行），京都府（京都銀行），奈良県（南都銀行），和歌山県（紀陽銀行），鳥取県（鳥取銀行），8先である。青森県が2025年1月に，長野県が2026年1

表2-5 全国の地域銀行の状況

都道府県	第一地方銀行	第二地方銀行	都道府県	第一地方銀行	第二地方銀行
北海道	北海道銀行	北洋銀行	愛知		愛知銀行
青森	青森銀行				名古屋銀行
	みちのく銀行				中京銀行
岩手	岩手銀行	北日本銀行	三重	百五銀行	
	東北銀行			三十三銀行	
宮城	七十七銀行	仙台銀行	滋賀	滋賀銀行	
秋田	秋田銀行		京都	京都銀行	
	北都銀行		大阪	関西みらい銀行	
山形	荘内銀行	きらやか銀行		池田泉州銀行	
	山形銀行		兵庫	但馬銀行	みなと銀行
福島	東邦銀行	福島銀行	奈良	南都銀行	
		大東銀行	和歌山	紀陽銀行	
茨城	常陽銀行		鳥取	鳥取銀行	
	筑波銀行		島根	山陰合同銀行	島根銀行
栃木	足利銀行	栃木銀行	岡山	中国銀行	トマト銀行
群馬	群馬銀行	東和銀行	広島	広島銀行	もみじ銀行
埼玉	武蔵野銀行		山口	山口銀行	西京銀行
千葉	千葉銀行	京葉銀行	徳島	阿波銀行	徳島大正銀行
	千葉興業銀行		香川	百十四銀行	香川銀行
東京	きらぼし銀行	東日本銀行	愛媛	伊予銀行	愛媛銀行
		東京スター銀行	高知	四国銀行	高知銀行
神奈川	横浜銀行	神奈川銀行	福岡	福岡銀行	福岡中央銀行
新潟	第四北越銀行	大光銀行		筑邦銀行	
富山	北陸銀行	富山第一銀行		西日本シティ銀行	
	富山銀行			北九州銀行	
石川	北國銀行		佐賀	佐賀銀行	佐賀共栄銀行
福井	福井銀行	福邦銀行	長崎	十八親和銀行	長崎銀行
山梨	山梨中央銀行		熊本	肥後銀行	熊本銀行
長野	八十二銀行	長野銀行	大分	大分銀行	豊和銀行
岐阜	大垣共立銀行		宮崎	宮崎銀行	宮崎太陽銀行
	十六銀行		鹿児島	鹿児島銀行	南日本銀行
静岡	静岡銀行	静岡中央銀行	沖縄	琉球銀行	沖縄海邦銀行
	スルガ銀行			沖縄銀行	
	清水銀行				

出所：一般社団法人全国地方銀行協会ホームページ
　　　https://www.zenginkyo.or.jp/abstract/outline/organization/member-01/（閲覧日 2023 年 12 月 24 日）
　　　一般社団法人第二地方銀行協会ホームページ
　　　https://www.dainichiginkyo.or.jp/membership/member_list.html（閲覧日 2023 年 12 月 24 日）

月に,合併により1行になる予定である。地域銀行が1行しかない各府県には,他府県の地域銀行の支店が存在する。例えば,山陰合同銀行(島根県)は,鳥取県に54店の有人店舗がある[9]。長野県内には,北陸銀行(富山県)長野支店,群馬銀行上田支店の2店舗がある(2023年末現在)。なお,山梨県内には,他都府県の地域銀行の支店は存在しない(2023年10月16日現在)[10]。

概観すると,県域をベースにした地域銀行の合併のフェーズから,県域を越えたより広範囲な合併のフェーズに近年移行することが予想される。

(2)信用金庫

全国の信用金庫で,県に1庫のみ存在するのは,長崎県,沖縄県の2県である(表2-6)。同様に県に2庫存在するのは,青森県をはじめ8県である(表2-7)。

信用金庫は,しんきん共同センターが,230以上の信用金庫の基幹系システ

表2-6　県に信用金庫が1庫

県	信用金庫
長崎県	たちばな
沖縄県	コザ

出所:一般社団法人全国信用金庫協会ホームページ
https://www.shinkin.co.jp/(閲覧日2024年2月10日)

表2-7　県に信用金庫が2庫

県	信用金庫
青森県	東奥,青い森
秋田県	秋田,羽後
茨城県	水戸,結城
山梨県	甲府,山梨
和歌山県	新宮,きのくに
徳島県	徳島,阿南
香川県	高松,観音寺
高知県	幡多,高知

出所:一般社団法人全国信用金庫協会ホームページ
https://www.shinkin.co.jp/(閲覧日2024年2月10日)

ム「しんきん共同システム」を運営しており，営業エリアも限定されているため，合併の効果は限定的と考えられる。県内の他金融機関との競合の結果，現在の営業エリアでは存続できない信用金庫が整理・統合されたと考えられる。たちばな信用金庫（長崎県）は，2002年に島原信用組合の経営破綻に伴い，同信用組合の事業を承継した。営業エリアは，壱岐・対馬を除く長崎県全域である。沖縄県の沖縄信用金庫が2001年に経営破綻し，コザ信用金庫に救済合併された。いずれも，信用組合・信用金庫の経営破綻が絡んでいる。

（3）信用組合

信用組合が存在しない県は，奈良県，鳥取県，徳島県，愛媛県，沖縄県の5県である。医師信用組合のみの県は，静岡県，和歌山県で，県職員信用組合のみの県は，三重県である（表2-8）。信用組合が1組合（実質的に1組合：他に医師信用組合のみ存在する県も含め）の府県は，青森県をはじめ，18府県である（表2-8）。

表2-8 県に信用組合が1組合（実質的に1組合も含める）

県	信用組合
青森県	青森県信用組合
岩手県	杜陵信用組合，岩手県医師信用組合
秋田県	秋田県信用組合
茨城県	茨城県信用組合
長野県	長野県信用組合
富山県	富山県信用組合，富山県医師信用組合
石川県	金沢中央信用組合，石川県医師信用組合
福井県	福泉信用組合，福井県医師信用組合
静岡県	静岡県医師信用組合
三重県	三重県職員信用組合
京都府	京滋信用組合
和歌山県	和歌山県医師信用組合
島根県	島根益田信用組合
山口県	山口県信用組合
香川県	香川県信用組合
熊本県	熊本県信用組合，熊本県医師信用組合
大分県	大分県信用組合
宮崎県	宮崎県南部信用組合

出所：一般社団法人全国信用組合中央協会ホームページ
https://www.shinyokumiai.or.jp/（閲覧日 2024年2月10日）

金融機関の推移（表2-4）のとおり，信用組合の整理・統合が地域銀行，信用金庫よりも先行して行われていることがわかる。今後も，一層，整理・統合が行われていくことが予想される。

2．長野県内金融機関の状況整理

長野県の人口は，2001年の2,220千人をピークに，以降減少が継続している（図2-4）。2022年には2,022千人と10年間で111千人減少し（年率平均▲0.5％），2045年には1,615千人となり23年間で407千人減少する（年率平均▲0.9％）と予測される。そして，生産年齢人口（15-64歳）も，1999年の1,414千人をピークに，以降減少が継続している。2022年には1,098千人と10年間で157千人減少し（年率平均▲1.3％），2045年には774千人となり23年間で324千人減少する（年率平均▲1.3％）と予測され，深刻な状況であることがわかる。

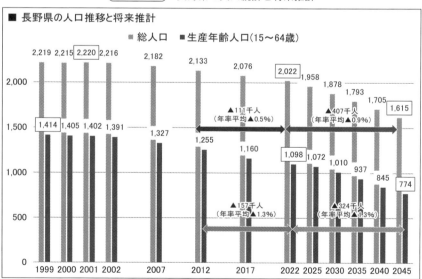

図2-4　長野県の人口統計と将来推計

出所：長野県「毎月人口異動調査（1999年，2001年〜2022年）」及び 総務省「国勢調査（2000年）」及び 国立社会保障・人口問題研究所「日本の地域別将来人口（2018年推計）（2025〜2045年）」より八十二銀行・長野銀行作成

第 2 章　金融調査からの考察・展開 | 57

図 2 − 5　長野県の民間事業者数・企業等数推移

出所：総務省「事業所・企業統計調査（2001 〜 2006 年）」及び総務省「経済センサス―基礎調査・活動調査（2009 〜 2021 年）」より八十二銀行・長野銀行作成

　また，地域を支える事業所数についても，2001 年の 128,969 先をピークに，2012 年には 112,369 先と減少し，2021 年には 105,338 先に減少する（民間事業所数▲約 7,000 事業所）と予測される（図 2 − 5）。そして，企業等数も，2012 年の 84,123 先から 2021 年には 72,948 先に減少する（企業等数▲約 11,000 先）と予測される。

　こうした状況から，預金や貸出をはじめとする基盤的サービスに係る需要が将来においても継続的に減少していく可能性が高いものとなっている。

　長野県の地域金融機関は，地域銀行 2 行（八十二銀行，長野銀行），信用金庫 6 庫（上田信用金庫，長野信用金庫，松本信用金庫，諏訪信用金庫，アルプス中央信用金庫，飯田信用金庫），信用組合 1 組合（長野県信用組合）となっている（2023 年末時点）。各金融機関の概要を表 2 − 9，2 − 10，2 − 11 で示した。

　八十二銀行と長野銀行は 2026 年 1 月 1 日に合併する予定である。合併後の

表2－9　長野県内の地域銀行の概要

	店舗数	預金（億円）	貸出金（億円）	中小企業向け貸出残高（億円）	自己資本比率（％）	不良債権比率（％）
八十二	153	81,864	61,561	31,722	16.55	1.71
長野	53	10,804	6,950	5,336	9.29	2.40
合計	206	92,668	68,511	37,058	―	―

出所：金融庁資料をもとに筆者作成

表2－10　長野県内の信用金庫の概要

	店舗数	預金（百万円）	貸出金（百万円）	中小企業向け貸出残高（百万円）	自己資本比率（％）	不良債権比率（％）
上田	23	289,061	150,554	110,871	15.81	2.60
長野	38	871,706	358,755	285,376	25.50	6.44
松本	27	439,610	206,655	161,351	14.54	5.57
諏訪	21	418,583	185,912	160,709	23.28	3.25
アルプス中央	19	340,970	135,077	105,962	10.75	6.50
飯田	23	603,585	263,406	220,566	20.17	7.08
合計	151	2,963,515	1,300,359	1,044,835	―	―

出所：金融庁資料をもとに筆者作成

表2－11　長野県信用組合の概要

	店舗数	預金（百万円）	貸出金（百万円）	中小企業向け貸出残高（百万円）	自己資本比率（％）	不良債権比率（％）
長野県信用組合	52	967,185	331,829	312,512	20.21	3.76

出所：金融庁資料をもとに筆者作成

預金は，92,668億円，貸出金は68,511億円，中小企業向け貸出は37,058億円となる（2023年3月末時点）。2022年3月末時点のデータとなるが，県内における預金のシェアは64.6％，貸出金のシェアは62.3％となる（表2－12）。県内各

表2-12　長野県の預金・貸出金シェア（2022年3月末時点）（％表示）

地域	八十二銀行 預金シェア	八十二銀行 貸出金シェア	長野銀行 預金シェア	長野銀行 貸出金シェア	両行合算 預金シェア	両行合算 貸出金シェア
北信	50.1	45.8	8.8	8.9	58.9	54.6
長野	61.6	61.3	5.2	8.9	66.8	70.2
上田	63.8	43.6	4.3	5.6	68.1	49.2
佐久	68.7	55.3	6.6	10.5	75.3	65.9
北アルプス	50.3	50.1	16.5	19.1	66.8	69.1
松本	56.8	49.2	16.5	20.0	73.3	69.1
木曽	61.6	55.9	7.6	13.1	69.3	68.9
諏訪	50.9	45.1	7.2	9.8	58.1	54.9
上伊那	52.2	47.8	7.6	10.0	59.8	57.8
南信州	32.3	34.1	2.7	3.0	35.0	37.0
合計	56.7	51.6	7.9	10.7	64.6	62.3

地方銀行，第二地方銀行，信用金庫，信用組合，労働金庫におけるシェア
出所：日本金融通信社「金融機関データ」

地域の預金・貸金のシェアを示した（表2-12）。

　2001年12月に上田商工信用組合が経営破綻し，2002年8月に八十二銀行，長野信用金庫，上田信用金庫，長野県信用組合，美駒信用組合（現在山梨県民信用組合）へ事業を分割して譲渡し解散した。そして，2003年7月に，赤穂信用金庫（駒ケ根市）と伊那信用金庫（伊那市）が合併し，アルプス中央信用金庫が発足した。

3．長野県金融環境の将来に向けて

　八十二銀行と長野銀行の合併により，長野県内は地域銀行1行（八十二長野銀行），信用金庫6庫，信用組合1組合となる。前述のとおり，すでに8府県は地域銀行が1行のみとなっている。

　これまでの八十二銀行と長野銀行の預金・貸金のシェアから考えて，長崎県（十八銀行と親和銀行）[11]，新潟県（第四銀行と北越銀行）ほど県民および他金融機

関に及ぼす影響は大きくないと考えられる。これは，あくまでも比較的な見地によるものである。これまでの銀行の合併の事例からも，預金や個人ローンよりも事業性融資に関する影響が大きいと思われる。

　帝国データバンクの長野県内メインバンク調査（2022年）によると，県内企業がメインバンクと認識している金融機関は，八十二銀行が53.35％，長野銀行が8.27％，長野信金が7.73％，長野県信用組合が4.85％，飯田信用金庫が4.84％，松本信金が4.26％，諏訪信金が3.48％，アルプス中央信金が3.28％，上田信金が2.86％となった。地区別の状況を表2−13，2−14で示した。地区別にみると，飯田地区で飯田信用金庫が57.54％とトップで，本地区を除く

表2−13　長野県内メインバンク調査（北信，東信，中信）

順位	北信 金融機関	シェア（％）	東信 金融機関	シェア（％）	中信 金融機関	シェア（％）
1	八十二	53.05	八十二	64.73	八十二	54.96
2	長野信金	26.29	上田信金	14.56	松本信金	17.63
3	長野県信組	6.70	長野	6.02	長野	16.27
4	長野	5.70	長野県信組	5.90	長野県信組	3.76
5	ながの農協	2.87	三井住友	2.13	みずほ	1.38

出所：帝国データバンク「長野県内メインバンク調査（2022年）」

表2−14　長野県内メインバンク調査（南信）

順位	南信①（諏訪地区） 金融機関	シェア（％）	南信②（伊那地区） 金融機関	シェア（％）	南信③（飯田地区） 金融機関	シェア（％）
1	八十二	48.04	八十二	64.73	飯田信金	57.54
2	諏訪信金	31.12	アルプス中央信金	38.80	八十二	34.66
3	長野	8.53	長野	5.72	みなみ信州農協	2.11
4	長野県信組	5.65	上伊那農協	2.09	長野	1.50
5	三井住友	2.63	長野県信組	1.31	※アルプス中央信金	1.50

※南信③（飯田地区）のアルプス中央信金の順位は，長野銀行と同率で4位となる。
出所：帝国データバンク「長野県内メインバンク調査（2022年）」

地区で八十二銀行がトップとなっている。表2-12で，南信州（飯田市と下伊那郡14市町村）における八十二銀行の預金・貸金のシェアが比較的低いこととリンクしている。飯田地区では2位が八十二銀行（34.66％）で，それ以外の地区では，2位がすべて，当該地区に本部・本店のある信用金庫となっている。

今回の金融調査では，広く県民の意識を調査することに主眼を置いており，事業性融資を中心とした法人等取引に関する調査は射程外とした。しかし，調査の必要性と有効性は十分に認識しており，検討しているところである。

（1）店舗の統廃合

八十二銀行と長野銀行は，2026年1月の合併に向けて，店舗の統廃合を進めている。前述のとおり，今回の県民意識調査で，不安な点の1位は「店舗やATMの統廃合による利便性の低下」（43.5％）で，他より10％以上高く，最も知りたい情報も「店舗やATMの統廃合計画」（55.2％）で，関心の高さがわかる。八十二銀行からの「店舗の統廃合」に関するニュースリリースを受け，さらに店舗の統廃合が実現され（八十二銀行が2024年1月に明科支店を穂高支店に統合），多くの県民が，「地域銀行の合併」を実感していると思われる。

経営統合・合併に伴う，店舗の統廃合は，相乗効果（コスト・シナジー）を実現するために不可欠である。両行の155店舗（八十二銀行：109店舗，長野銀行：46店舗（2023年3月期））を2028年3月期までに70店程度減少させる計画である。八十二銀行の店舗にあてはめると，24店舗減少（109店舗−85店舗：78％となる）することとなる（図2-6）。

店舗の統廃合は，短期的な視点では，既存顧客の利益・満足に結びつかない。合併に限らず，県内の信用金庫と長野県信用組合で店舗の統廃合を進める際にも同様である。こうした事象は，金融機関，地域，顧客で広く共有すべきである。一方，長期的な視点では，地域・顧客のニーズに沿った店舗施策の展開（再構築）により総合的な利便性および満足度が高まることも考えられる。そして，なにより，合併，店舗の統廃合の最大の目的は，金融機関の持続的な存続であり，健全に預金・融資・為替等業務を行うことである。地域，顧客も，店舗の

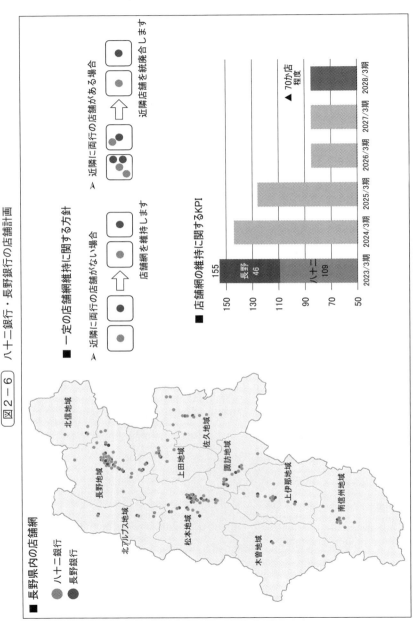

図2-6 八十二銀行・長野銀行の店舗計画

(資料)八十二銀行・長野銀行「基盤的サービス維持計画」(2023年5月)

統廃合に関しては，長期的な視座を持つこと，理解することが重要である。

　全国においても，金融機関の店舗の統廃合に伴い，さまざまな取り組みがなされている。奈良県の南都銀行は，銀行法施行令の改正（2018年）に伴い，営業店の隔日営業（週2日営業など）を導入している。そして，店舗がない地域では郵便局のネットワークを活用している。2019年11月に日本郵便および日本ATMと，銀行業界初となる，郵便局への共同窓口の設置で業務提携した。日本ATMのシステムを経由し，銀行代理業に抵触しない業務（住所変更やキャッシュカード再発行など）を取り次ぐ。2020年には，廃止する店舗の窓口業務の一部を郵便局に委託した。タブレット端末を通じて行員と相談業務などができる取り組みも進めている。日本郵便は，南都銀行から固定制の手数料を受け取り，「今後も地域銀行からの要請があれば対応したい」としている。郵便局との連携は，一つの方策と考えられる。

　そして，2019年頃から，全国の金融機関で，ATMや窓口カウンターを搭載した「移動店舗車」を導入する動きがみられた。しかし，現在は，廃止や運航を縮小している[12]。こうした動向にも留意すべきである。

　銀行（ここでは，信用金庫，信用組合含む）には公共性があり，現代社会において銀行の店舗は公共的なインフラと考えられる。金融機関が店舗の統廃合を進めるうえで，こうした考え，地域，顧客からの要望は理解し共有する必要がある。県内の金融機関は，どのように店舗の統廃合を進めるべきか。筆者は金融調査を踏まえて下記のように考える。

　金融調査から，5－10年程度で，インターネットバンキングを通常利用する顧客および店舗に頻繁に来店しない（2ヵ月に1回以上）顧客が高齢者となること（両者は関連しあう）で，店舗の利用者環境が大きく変容することが明らかになった。金融機関としては，こうした時間軸，将来を見据えて，店舗の統廃合を進めるべきである。金融調査から，インターネットバンキング利用者は，全体的に高齢者が低く（50代までは45－50％で，60代で28.6％，70代で14.5％），金融機関別では八十二銀行が40.6％で信用金庫21.4％，長野県信用組合12.5％となっている。インターネットバンキングの利用は，顧客にとっても利便性，コ

スト面，心理面などからメリットが大きい。金融調査から，インターネットバンキングを利用していない理由は，「必要性を感じない」(55.9%) が最も高い。これらから，金融機関は，店舗の統廃合を進める理由を顧客にわかりやすく丁寧に説明し，同時に，インターネットバンキングの必要性と有効性もわかりやすく丁寧に説明し，一体的に進めることが求められる。まずは，基本取引となる，残高・入出金照会，振替・振込サービスの利用率を上げることである。金融機関独自の取り組み以外にも，信用金庫においては6信用金庫，県内金融機関による共同した推進，さらには長野県も巻き込んだ取り組みも有効性が高いと考える。

　八十二銀行と長野銀行の合併に関する店舗統廃合については，金融調査（問35）を参考にすべきである。八十二銀行が示した実施施策「距離で10km・車で15分圏内に近隣店舗がない場合には店舗を維持する」という基本方針（図2－1）について，「とても安心した」(29.0%)，「その通りになるか不安」(40.0%)であった。「距離・圏内をもっと狭くするべき」という割合も19.2%あった。この結果から，「距離・圏内をもっと狭くするべき」と考える層には，統廃合の必要性とインターネットバンキングの必要性と有効性を丁寧に説明すべきである。こういった層は，一定数は必ず存在し，県民・顧客の長期的な視座を持った理解も必要である。そして，「その通りになるか不安」と回答する層(40.0%) に対しては，4割の県民が，この約束が守られるか不安視しているということである。この結果は非常に重要である。これまでの八十二銀行からの店舗統廃合のニュースリリースをみると，この約束・基準に沿って丁寧に説明した上で統廃合が進められていることがわかる。こうした取り組みを真摯に継続し，今後も顧客・県民との約束を遵守することを積極的に公表・発信し，信頼関係を構築し安心感を醸成していくことが重要である。

　全国では，金融インフラを行き渡らせるために，郵便局ネットワークの活用，「移動店舗車」の導入などの取り組みがみられる。こうした問題に対しては，短期的，長期的な視座を併せ持ち，県内金融機関の連携・共同した取り組みが有効であると考える。金融サービスだけで考えるのではなく，行政サービ

ス,医療サービスと一体的に,長野県,県内市町村,金融庁,総務省も巻き込んで考えるべきかもしれない。

　そして,本文で店舗の統廃合を進め,インターネットバンキングの利用促進をすべきことを述べてきたが,決して対面取引の必要性および重要性を否定するものではない。オンラインサービスの質が向上しても,融資取引,相談業務などにおいて,対面取引の有効性は高い。地域金融機関の強みは対面取引ができること,距離的な優位性と考えられる。すべての取引や相談などがオンラインで可能になると,メガバンクやインターネット専業銀行で事足りることとなる。これらは,顧客にとって,金利や手数料も有利で,さらに専門性も高いと思われる。地域金融機関は,顧客にとっても有利である取引はオンラインで積極的に合理化・効率化し,収益に結び付く業務は,すべて合理性・効率性ではなく対面取引の優位性を勘案した施策が重要である。地域金融機関の強みは,信用・信頼,地域密着,総合力と考えられ,こうした付加価値を訴求できる対面取引を今後も大切にすべきである。

(2) 健全な競争

　銀行は,銀行法が根拠法であり,株式会社組織の営利法人で,業務範囲は制限がない。株式会社であるため,会社法に組織や運営などが定められ,株主の利益を最大化することが求められる。銀行と信用金庫,信用組合の違いは表2－15のとおりである。そして,銀行と信用金庫の違いを図2－7で示した。

　八十二銀行は,長野県以外においても業務を展開している。預金においては,東京都（6店舗）に預金2,487億円（占有率3.1％),新潟県（4店舗）1,347億円（同1.7％),埼玉県（5店舗）1,112億円（同1.4％),全預金の92.8％が長野県内の預金である。そして,貸出金は東京都18,040億円（同33.5％),埼玉県2,099億円（同3.9％),愛知県（1店舗）1,618億円（同3.0％),全貸出金の53.4％が長野県内の貸出金である（以上,数値は2022年3月末時点で,貸出金において政府向貸出（財務省）を除いている)。貸出金については,46.6％が県外となっていることがわかる。こうした事象は,組織（株式会社）の特性から,県民・地域・顧客は理

表2-15　金融機関の相違

	銀行	信用金庫	信用組合
根拠法	銀行法	信用金庫法	中小企業等協同組合法 協同組合による金融事業に関する法律
設立目的	国民経済の健全な発展に資する	国民大衆のために金融の円滑を図り, その貯蓄の増強に資する	組合員の相互扶助を目的とし, 組合員の経済的地位の向上を図る
組織	株式会社組織の営利法人	会員の出資による協同組織の非営利法人	組合員の出資による協同組織の非営利法人
会員（組合員）資格	なし	地区内に住所または居所を有する者 地区内に事業所を有する者 地区内において勤労に従事する者 地区内に事業所を有する者の役員 地区内に転居することが確実と見込まれる者 ＜事業者の場合＞ 従業員300人以下または資本金9億円以下の事業者	地区内に住所または居所を有する者 地区内において事業を行う小規模の事業者 地区内において勤労に従事する者 地区内において事業を行う小規模の事業者の役員 ＜事業者の場合＞ 従業員300人以下または資本金3億円以下の事業者（卸売業は100人または1億円, 小売業は50人または5千万円, サービス業は100人または5千万円）
業務範囲（預金・貸出金）	制限なし	預金は制限なし 融資は原則として会員を対象とするが, 制限つきで会員外貸出もできる（卒業生金融あり）	預金は原則として組合員を対象とするが, 総預金額の20%まで員外預金が認められる 融資は原則として組合員を対象とするが, 制限つきで組合員でないものに貸出ができる（卒業生金融なし）

出所：全国信用金庫協会ホームページ
https://www.shinkin.org/shinkin/difference/ （閲覧日 2024.2.10）

解し共有すべきである。近年, 地域銀行の株主利益の最大化と地域密着・地域貢献の両立の難易度が増している。八十二銀行は, 県内企業の育成・支援に注力し融資を拡大する取り組みを真摯に実践している。

八十二銀行と長野銀行の合併の最大の目的は, 前述のとおり, 地域銀行の持続的な存続・発展であり, 健全に預金・融資・為替等業務等を行い, 広く十分に金融サービスを提供し, 長野県の経済社会の持続的な発展に貢献することだと考える。長野県内に持続的に存続することが責務である。そのために, 合併の相乗効果を最大限に発揮することが求められる。筆者としては, 店舗・ATMの統廃合, 事務・システムの統合や商品サービスの統一化などを真摯に行い, 確実にコストシナジーを実現してほしいと考える（図2-8）。それが, 合併において非常に重要だと考える。そして, 店舗の統廃合, 業務効率化など

第 2 章　金融調査からの考察・展開　｜　67

図 2 - 7　銀行と信用金庫の違い

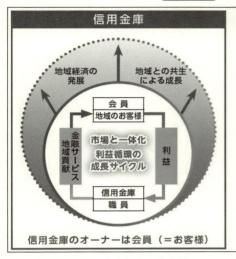
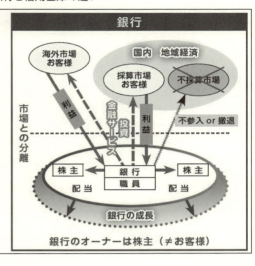

出所：一般社団法人東京都信用金庫協会
　　　https://www.tasb.jp/kinko/index.html（閲覧日 2024.2.10）

　で創出した 200 人で，(1) コンサルティング関連業務強化，(2) デジタル関連業務強化，(3) 新規業務拡大を行い，①総合金融サービス・ライフサポートビジネスの深化，②新事業展開・業務多角化を展開し，収益に結び付けることは，他の地域金融機関も苦戦していることから，難しいと考える（図 2 - 9）。筆者は，創出した人員は，金融のスペシャリストとして地域（県内基幹産業である製造業，観光業，および地方公共団体など）に供給すべきと考える。コストシナジーを確実に実現し，かつ，地域の持続的な発展に結実する。企業や地方公共団体は，人材不足で，組織の成功に向け金融の実践的知識・経験と行動力で牽引する金融人材は貴重で有効活用すべきと考える。
　信用金庫，信用組合は，協働組織の非営利組織で，株式会社とは違い，営利を目的とはせず，仕事や地域を同じくする人や団体などが，生活などを向上させるために資金を出し合って，会員または組合員の「相互扶助」を重視した金融機関である（表 2 - 15）。株式会社とは相違し，地域社会の利益を優先して

図2−8　経営統合シナジー（1）

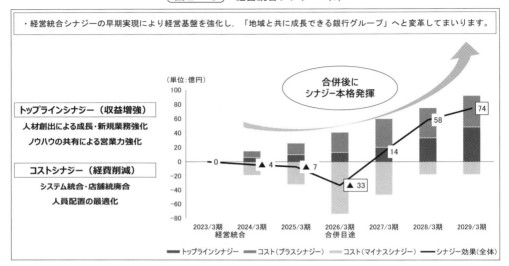

（資料）八十二銀行・長野銀行「基盤的サービス維持計画」（2023年5月）

図2−9　経営統合シナジー（2）

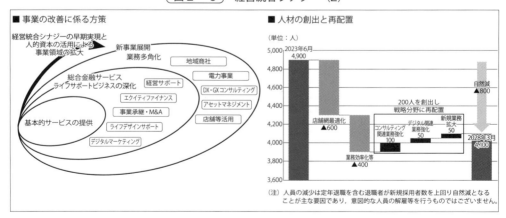

（資料）八十二銀行・長野銀行「基盤的サービス維持計画」（2023年5月）

第2章　金融調査からの考察・展開　｜　69

事業を展開することが特徴である。

　本調査では、必要性を認識しつつも事業性融資に関する分野は射程外としたが、タイムリーな調査があることから、採り上げる。帝国データバンクの調査によると、信用金庫のシェアは5年連続で拡大しており、2023年は拡大幅が過去5年間で最も大きかった。新型コロナ禍前の2019年から2023年の間で、メインバンクを「信用金庫」に変更した企業の前メインバンクは、「第一地方銀行」(45.04％)、「メガバンク」(34.46％)、「第二地方銀行」(13.81％)であった（図2－10）。地域銀行の統合・合併が進むなか、地域の中小企業に密着したきめ細かな対応、小回りの利く融資、経営問題の解決を得意とする信用金庫の存

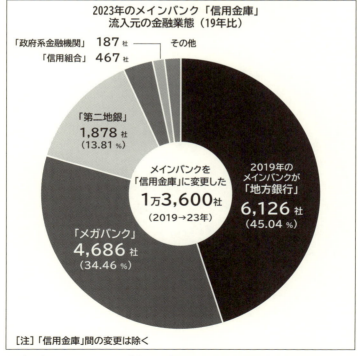

図2－10　メインバンク「信用金庫」流入元の金融業態

出所：帝国データバンク「全国企業メインバンク動向調査（2023）」

在感が高まっている。

　県内の信用金庫においても，八十二銀行と長野銀行の合併により，個人・法人の預金・貸金を中心とした取引は増加すると思われる。特に，帝国データバンクの調査から，事業性融資に関する取引が増加し，インパクトが大きいと思われる。

　前述したとおり，金融調査から，信用金庫のインターネットバンキング利用率は八十二銀行と比較して低い。基本取引（入出金，振替・振込など）については合理化・効率化を進めるべきである。これには，顧客にとっても大きなメリットがある。長期的な視座（経営の合理化）から店舗の統廃合も顧客の利便性に配慮して果敢に進めるべきである。人員の専門能力とコミュニケーション力を高め，収益を創出する分野（個人ローン，事業性融資，金融商品・保険商品の販売，相談業務など）に投下すべきと考える。地域密着のFace to Faceによる親身な対応が強みであり，非効率的な業務も比較衡量のうえ，実践すべきである。そうした行動が，積み重なり，長い取引の源泉となる「信頼」（ブランド）の構築に結び付く。ただし，営利を目的としない組織ではあるが，組織の持続的な存続・発展のためには収益の確保が求められる。安定した高水準の収入は，働きやすい環境づくり，将来を担う新入職員の採用にも繋がる。理事のみならず，職員全体が，収益の意識・感覚を持つことが重要である。

　長野県信用組合においては，県内全域に支店網を備えた総合力が強みである。八十二銀行と長野銀行の合併後は，県内全域に支店網があるのは八十二長野銀行と長野県信用組合のみとなる。金融調査から，長野県信用組合のインターネット利用率と投資信託購入割合は八十二銀行と比較して低い。信用金庫と同様に，基本取引の合理化・効率化を進め，収益となる投資信託をはじめとした金融商品・保険商品の販売などに人員を投下し収益を上げるべきである。新しいNISAは，金融商品取引開始のきっかけとなり得る。「信頼」（ブランド）の構築，収益の確保の重要性は，信用金庫と同様である。

　信用金庫は地域銀行以上に地域に密着したFace to Faceによる親身な対応，長野県信用組合は長野県全域に店舗網を備えた総合力対応，それぞれの強みを

いかした，地方銀行と差別化した取り組みを展開することが重要である。各金融機関が，それぞれの強み・魅力を効果的に県民に訴求し，健全に競争することで総合力は向上し，将来の地域銀行1行「八十二長野銀行」時代において，県民の総合的な満足度の高い金融環境を構築することができる。

III　地域金融機関の将来に向けて

　前章で金融調査の内容を整理・分析し，本章でその結果について金融実務を踏まえ考察を行った。2023年度に，調査結果・考察内容について，県内各金融機関（八十二銀行，長野銀行，上田信用金庫，長野信用金庫，松本信用金庫，諏訪信用金庫，アルプス中央信用金庫，飯田信用金庫，長野県信用組合）に対面でフィードバックを実施した（各金融機関に対し，本調査結果に基づく提案を行い議論した）。各金融機関には，県民の声，顧客の評価・要望などに真摯に向き合ってほしい。

　本調査の考察の要諦として，県民が地域銀行1行時代において，最も不安に感じ，知りたい情報とする「店舗の統廃合」，および，県民の総合的な満足度の高い安心でき安定した金融環境に結実する「健全な競争」について述べた。

　「店舗の統廃合」については，金融機関は公共性（店舗は金融インフラとして地域に必要）を再認識し，調査で明らかになった利用者環境の将来に向けた変化を見据え，店舗の再構築とインターネットバンキングの普及と併せ，顧客の総合的な利便性・満足度を重視して進めるべきである。長期的な視座（持続的な存続のための経営合理化手段）を基に，地域・顧客に「店舗の統廃合」の必要性をわかりやすく丁寧に説明することが重要である。そして，地域・顧客も，それを理解することが求められる。

　「健全な競争」については，各金融機関がそれぞれの特性・強み，八十二銀行・長野銀行は高いシェア・総合力，信用金庫は地域銀行以上の地域密着，長野県信用組合は県内全域に店舗網を備える協同組織を最大限にいかし，顧客の要望に真摯に向き合い対応し競争することで，県民の総合的な満足度の高い金融環境が構築できると考える。各金融機関が他金融機関と差別化した顧客志向

の取り組みを実践し，健全に競争することで，顧客満足度が向上し，全体として充実した金融環境が醸成される。

　各金融機関の弛まぬ経営努力が求められるが，連携・協働した取り組みも有効性が高いと考えられる。県内は人口減少・少子高齢化が今後一層進む深刻な状況である。こうした事態に対し，金融機関は，県民1人あたりから得られる収益を増加させるしかない。具体的には，金利（資金利鞘）で稼ぐか，手数料収入を増加させることである。前者は，付加価値を高め妥当な個人ローン金利を設定することが求められる。後者は，金融商品・保険商品の販売促進が有効な方策である。これには，直接的な商品の販売推進以上に，顧客の金融リテラシーを高めることが有効である。インターネットバンキングの推進と併せて，それらの基本知識，必要性と有効性，リスク対処策などを県内金融機関が連携・協働した取り組みで県民に広めることは有効性が高いと考える。縮小する市場に対して，地域金融機関一体となり，策を講じるべきである（取引の合理化推進と収益向上の基盤を創造）。顧客にとっても将来に向けた総体的・実質的な利益は大きい。

　各金融機関の店舗の統廃合は金融インフラの視点が必要なこと，インターネットバンキングが非常に重要であること，金融リテラシーの普及は金融機関の一体的な取り組みが有効であることを述べてきた。これらは，多くの県民の生活に深く関わることから，長野県にも関わってほしいと考える。長野県や県内市町村が進める過疎対策，地域のインフラ問題対策，行政・医療サービスの地域全域への普及などと関連させ，一体的・総合的に課題の整理・解決に取り組んでほしい。また，金融リテラシーについて，長野県民は全国比較で高いレベルにあることを述べたが，長野県モデル（「インターネットバンキングの必要性・有効性の理解とリスク対策の習得」などを有機的に加える）の金融リテラシー教育を効果的に（高い質を県民に広く行きわたらせる）行う一翼を担ってほしい。具体的には，長野県に「場」と「機会」の提供を懇請したい。これまで述べてきた金融に関する問題や長野県版金融リテラシーについて検討する検討委員会，そして，地域金融の課題を議論・共有するシンポジウム，長野県版金融リテラシー

を広める講演会などを企画・実践してほしい。これに関しては，金融当局との協働・分担も実効性が高い。

　八十二銀行と長野銀行の経営統合は，金融庁が独占禁止法の適用を除外する特例法に基づき許可し，経営基盤の強化のための措置の実施に要する費用のうち30億円を上限に預金保険機構に資金交付を求める。八十二銀行と長野銀行の経営統合・合併には金融当局が深く関わっている。そして，金融庁は，全国において金融再編，地域金融の在り方を調査し支援していることから，適切に関わって行くべきである。関東財務局は，「地域と歩み，希望ある社会を次世代へ」を目指し，地域の課題解決に貢献することを行動規範としており，支援をいただき，一方で長野県の事例を参考にしてほしい。また，日本銀行は，地域金融強化に向けた取り組みを行い，地域の金融・経済の動向を調査し，地域経済の健全な発展に貢献している。地域に金融広報委員会（知るぽると）を配置し，中立・公正な立場から経済や金融に関する消費者教育活動の支援を幅広く行っている。金融庁と同様に，適切に関わって行くべきである。特に，長野県金融広報委員会[13]と積極的に関わって行くべきである。

Column 1　地域銀行の経営統合・合併とシナジー効果

　近年，銀行が経営統合を進め，そのなかで合併する先もある。

　経営統合とは，複数の会社が特定の1社に自社株式を集中させ，各会社を存続させたまま意思決定機関を統一する手続である。「ホールディングス」と呼ばれることもある。

　一方，合併とは，複数の会社が一つの会社となり，いずれか1社または新設会社だけを残し，残りの当事者会社は法人格を消滅させる手続きである。これには，新設合併と吸収合併がある。経営統合は各会社の法人格は保たれるが，合併では存続会社以外は消滅することとなる。

　また，資本提携は会社同士が互いの株式を持ち合うことを意味し，経営支配権がない10％程度の株式を取得して，一般的に独立した関係を保つ。そして，業務提携は会社同士が協力関係を結び，商品開発や人事交流などで資本の移動を伴わず，お互いのメリットを高めていくものである。

　結びつきの強さは，図のとおり，業務提携 → 資本提携 → 経営統合 → 合併となる。

　地域銀行においては，長引く低金利下，人口減少および少子高齢化が進み，銀行の再編が求められたが，銀行間で業務提携と資本提携は結ばれるものの，実質的な再編には結びつかないモラトリアム的な状態であった。これに対し，金融当局（金融庁，日本銀行）は，金融支援を時限的に実施し，地域銀行のなかで経営統合・合併が進展している。緩い結び付きのままの先もあれば，結び付きを段階的に強め合併に至る先もあり，さまざまな状態である。平成元年以降の銀行の変遷については，全国銀行協会のHP（https://www.zenginkyo.or.jp/article/tag-h/7454/）を参照されたい。

　一般的に合併の効果として，シナジー効果があるとされる。これは，複数の会社が組み合わされ，力が増幅する効果である。1＋1＝2ではなく，1＋1＝3になると，よく表現される。事業内容や得意分野，営業エリアが違う企業が合併した場合には，シナジー効果が見込める。それでは，事業内容と得意分野に大きな違いがみられず，営業エリアもほぼ同じ地域銀行の合併には，シナジー効果は発生するのか考えていただきたい。

　一つの市場評価として，日本格付研究所（JCR）は，八十二銀行と長野銀行の経営統合の基本合意を受け，「八十二銀行の格付については，両行の規模の違いなどから経営統合による影響は限定的で，「AA」に見合う収益力，資産の健全性，資本の充実度が保たれているため，据え置きとした。」（2023年6月1日）として，

シナジー効果をほぼ認めていない。他の地域銀行の経営統合・合併においてもほぼ同様の評価がみられる。

　こうしたことから，地域銀行の合併では，システム統合・店舗統廃合，人員の最適化などコストシナジー（経費削減）の実現を，すなわち，1＋1を確実に「2」とすることが求められると考える。その上で，トップラインシナジー（収益の増強）を目指すべきである（「2」以上）。

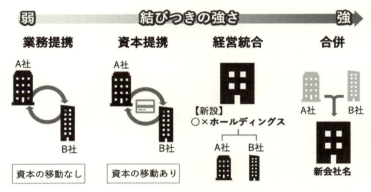

出所：Offer Box ホームページ　https://offerbox.jp/columns/23684.html

Column 2　地方公共団体の意思決定と行動

　鳥取県で唯一の地方銀行（第一地方銀行）である鳥取銀行は鳥取県内の日南町（人口 4,671 人：2018 年 7 月末時点）の庄山支店を 2019 年 1 月に閉鎖することを，2018 年 8 月に公表した。これに対し，同町の増原聡・前町長は，事前の相談がなく，地域住民の利便性が大きく低下することから，公金約 5 億 6 千万円を全額解約し，同銀行を給与振込口座としている職員に向けて，別の金融機関への変更を要請した。前町長は，「移転は銀行の経営改善の一環として理解できる面もあるが，事前の相談もなかった。地域には窓口対応を望む高齢者も多い。地域の銀行として地域の預金者を大事にしてほしい。これ以上，町からほかの金融機関を撤退させないよう精一杯の意地を見せたい」としている[14]。

　同町は，鳥取銀行に預けていた公金を，町内にある山陰合同銀行と鳥取西部農協の支店・支所に，ほぼ半分ずつ預け替えした。鳥取銀行においては，税金などの出納用に，普通口座のみ残した。町の担当者は全額解約を実行した理由として「撤退

する金融機関と残る金融機関のどちらを町として優先させるのか，と考えた。ATMを使えない高齢者も多いのに窓口対応ができないのは，町民の生活の質に関わる問題でもある。町に支店を残している金融機関を優先したい」と説明している[15]。

　本件は，鳥取銀行から事前の相談が無く，両者の会談，事前の交渉が行われなかったことが問題だと考える。支店閉鎖の発表前日に鳥取銀行の担当者から前町長に報告があり，前町長は「もう少し早い段階で相談してくれたら，町として存続を支援するなどの対応がとれた。撤退は避けられたのではないか」と話したが，担当者からは「決定事項のため」と告げられたとのことである。その後，平井耕司・前頭取（現会長）が，前町長と面談し，町内預金者への不便さや負担が軽減される方法など善後策を協議し具体化させることで合意した。

　また，静岡県の中部銀行（第二地方銀行）は不良債権の増加に伴い経営が悪化し，金融庁から早期是正措置を受けた（2001年12月）。これを受け，静岡県は公金預金を他行に移行し，これに民間が追随し，預金流出が加速し，2001年末に5,063億円あった預金は，2002年末には4,600億円となり，同行は経営破綻した。これは，福島県の福島銀行（第二地方銀行）が経営の悪化により早期是正措置を受け（2001年12月），福島県や県内市町村が同行に100億円超の公金預金を移行し，県内の信用不安を鎮静化させたのとは対照的であった。福島銀行は，2022年に創業100周年を迎え地域を積極的に支援し，地域経済の持続的な発展に貢献している。2024年3月期において，単体で増収増益，本業収益（1,621百万円）・当期純利益（1,123百万円）ともに増益の実績となった。

　静岡県と福島県の対応は対照的であったが，いずれにしても地方公共団体の影響力が大きいことがわかる。筆者は，合理的な行動を選択し実践した静岡県を評価したい。

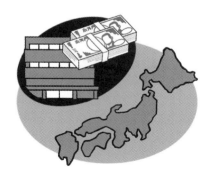

第2章　金融調査からの考察・展開　｜　77

【注】

1） 新しいNISAのポイントは，①非課税保有期間の無期限化，②口座開設期間の恒久化，③つみたて投資枠と，成長投資枠の併用が可能，④年間投資枠の拡大（つみたて投資枠：年間120万円，成長投資枠：年間240万円，合計最大年間360万円まで投資が可能），⑤非課税保有限度額は，全体で1,800万円（成長投資枠は，1,200万円。また，枠の再利用が可能）である。金融庁ホームページ（https://www.fsa.go.jp/policy/nisa2/about/nisa2024/index.html（閲覧日2024.2.10））から抜粋。

2） 金融リテラシーとは，「お金に関する知識や判断力」のことで，国民が社会のなかで経済的に自立し，より良い生活を送っていくために欠かすことができないものである。最低限身に付けるべき金融リテラシーの4分野として，「家計管理」「生活設計」「金融知識及び金融経済事情の理解と適切な金融商品の利用選択」「外部の知見の適切な活用」が掲げられる。本書では，「長野県モデル」として，「店舗の統廃合の必要性の理解」「インターネットバンキングの必要性・有効性の理解とリスク対策の習得」なども含めた，広義の金融リテラシーを提唱する。

3） 金融広報委員会は，個人の金融リテラシー（お金の知識・判断力）の現状を把握するため，「金融リテラシー調査（インターネットによるアンケート調査）」を定期的に実施している。長野県は，2019年は全国2位（正答率59.8％），2022年は5位（同57.3％）であった。金融リテラシー調査（2022年）https://www.shiruporuto.jp/public/document/container/literacy_chosa/2022/（閲覧日2024.2.10）

4） 日本銀行「金融システムレポート」（2019年4月）。同レポートでは，「人口減少などを背景に貸出残高の伸びが縮小し，特段の措置を講じない限り収益悪化が止まらない，金融機関の統合・提携や，他業態との連携も有効な選択肢となり得る」と提言している。

5） 2004年の北陸銀行（富山県）と北海道銀行による「ほくほくフィナンシャル・グループ」を皮切りに，11の持株会社が現存している（全国銀行協会調査，2023年11月27日現在）。

6） 岩倉正和・一橋大学大学院教授は「地域銀行のM&Aの最大のメリットは，店舗と人員のリストラ効果による収益の改善であり，経営統合（持株会社）は，形式的な要素が強く，実質的な効果は薄いと思われる」とする（一橋大学大学院法学研究科ビジネスロー専攻・2022年度講義「M&Aの法務Ⅰ」（2022.6.20））。

7） 第四銀行と北越銀行が合併し第四北越銀行（2021年1月），三重銀行と第三銀行が合併し三十三銀行（2021年5月）となった。また，青森銀行とみちのく銀行が合併予定（青森みちのく銀行）（2025年1月），八十二銀行と長野銀行が合併予定（八十二長野銀行）（2026年1月）。

8） 埼玉県には，「りそなホールディングス」傘下（持株比率100％）の「埼玉りそな銀行」がある（埼玉県内125有人店舗）。金融庁では，地域銀行（地方銀行）と分

類している。
9) 山陰合同銀行の有人店舗は，島根県内73店舗，広島県内5店舗，岡山県内5店舗，兵庫県内10店舗となっている。山陰合同銀行ホームページ参照（2024年1月4日閲覧）。
10) 日本銀行甲府支店確認（2023年10月16日）。
11) 長崎県内の十八銀行と親和銀行の合併（2020年10月）前の預金市場のシェアにおいては，十八銀行が28.6％，親和銀行が24.6％で合わせて53.4％となる。貸出市場では，十八銀行が35.2％，親和銀行が33.6％で合わせて68.8％となる。大庫直樹＝中村陽二＝吉野直行「長崎県における地域銀行の経営統合効果について」金融庁金融研究センターディスカッションペーパー（2017年1月）3頁。
12) 日本経済新聞「信金・地銀の移動店舗車廃止や運航縮小，相次ぐサービス補完，利用は低調」（地方経済面 北陸）2023年3月21日朝刊8頁。
13) 長野県金融広報委員会の構成メンバーは，会長が長野県知事，副会長が財務省関東財務事務所長，日本銀行松本支店長，長野県県民文化部長，委員が地方公共団体，金融団体，経済団体，消費者団体などの各代表者，事務局長が日本銀行長野事務所長である。
14) 朝日新聞2018年9月7日朝刊参照。
15) 一般社団法人環境金融研究機構リリース（https://rief-jp.org/ct1/82339）参照。

第3章

金融リテラシーの基礎・展開

本章は，わが国の経済のしくみや状況を理解し，経済的に自立し，より良い生活を送るために必要な金融に関する知識や判断力を習得するための最低限の要素を解説したものである。米国・欧州と比較することで，日本の金融制度やFP業務などの特徴を明らかにした。特に，将来を担う学生に向けて，学生が考えるべきファイナンシャル・プランニング（FP）と資産運用について，また，金融資産は多いが金融リテラシーが低いとされる高齢者に向けて，高齢者が考えるべき資産運用・相続などについて解説した。

　第2章で述べた，長野県版金融リテラシーの習得の前段階（基礎的知識）として，本章を正しく理解する必要がある。

I　日本の経済と金融の新たな展望

1．日本の金融経済の現状

　わが国の株式市場は1990年代にバブルが崩壊し，銀行は不良債権の処理が課題となった。そして国際的な自己資本比率規制であるバーゼルIも導入され，銀行，そして企業は株式持ち合いを解消する方針を取った。株式市場で銀行が売却した株式の受け皿となったのがグローバルな海外投資家であり，現在，わが国の株式市場での保有割合では31.8％のシェアを占めている（2024年3月時点）。メインバンク制と株式持ち合いを経営の柱としてきたわが国の上場企業は株式市場のグローバル化を受けて銀行借入を返済し，資金調達は株式市場にシフトした。メインバンク制とは，企業が主に取引する金融機関を1行に定め，密接な関係を保つという日本独自の金融慣行である。株式時価総額の銀行貸出額に対する倍率は2000年には0.79倍であったが，2020年には1.25倍と逆転しており，わが国では株式市場の重要性が増している。

　しかし，日本的経営の特徴であるメインバンク制と長期雇用の慣行は，情報共有型の組織の生産性を相互に強化する補完的な社会制度であるという研究結果がある。つまり，メインバンク制という固定的な金融制度と流動性の低い長期雇用が主な労働市場は，個人の持つ知識・情報を組織内で効率的に蓄積し，

お互いの知識・情報をすり合わせて活用することが得意なわが国の企業には好都合な制度であった。逆に米国のような流動的資本市場と新卒一括採用もなく転職の多い流動的労働市場はお互いに補完性がある。

現代の企業で望ましい知的熟練の蓄積が実現され，企業価値の最大化を達成するためには，中核従業員と株主の役割を逆転させること，つまり会社は株主のものではなく，従業員のものとすることが必要であった。そして，かつての株式持合いこそが，こうした役割逆転を可能にしていたものであり，日本的経営を可能にしている最も重要な社会の仕組みとされていた。

企業の長期雇用の慣行と年功序列制，メンバーシップ型社員，ジェネラリスト養成といった人事施策は，「タテ社会」の構造的力学の産物といえるだろう。「タテ社会」とは人間社会において，役職・階級など上下の序列が重視される社会のことであり，中根千枝の「タテ社会の人間関係」(1967)において日本社会の特徴的構造を表すとされた言葉である。

雇用の流動性と生産性については，米国では雇用の流動性の低下は生産性の伸びを抑制する可能性があるとされている。雇用の流動性の低下によって生産性の低い仕事から高い仕事への労働者のスムーズな移動や，低い生産性の企業の退出と高い生産性の企業の参入が阻害されれば生産性の伸びが抑制されるのである。

わが国でも日本的雇用慣行，すなわち従業員の定着率が高い・メンタルヘルスがよい・教育訓練を実施している・離職率が低い等の特徴がある企業では，中途採用のウエイトを高める形で雇用の流動化を進めると，利益率や労働生産性が上昇する傾向があるとする研究結果がある。このことは多くの日本企業が雇用の流動性を高め，社会全体で転職の機会が多くなると日本企業の利益率が向上する可能性があることを示している。日本も非正規雇用の部分ではなく正社員について適度な雇用の流動性があり，円滑な労働移動が可能な労働市場が必要となっていると考えられるだろう。

また，わが国の労働者の賃金交渉力は非常に低く，利潤の多くは企業側に回り，労働者側の取り分が低いという分析結果がある。そのため，企業収益の拡

大を賃金上昇に結びつける仕組みを構築することが重要であり，労働者の賃金交渉力を高めることが必要であろう。構造改革により労働市場の柔軟性を高め，労働者に多様な選択肢を用意することが労働者の賃金交渉力を高めるためには必要である。

わが国の労働者が賃金交渉において賃金か雇用かといわれて雇用を選択する点については，日本の長期雇用を前提とした労働市場では企業特殊的熟練に対する支払いや早期離職防止のインセンティブメカニズムとして，中高年以降になってから報酬が大きく増加する後払い型の雇用報酬システムに基づく雇用慣行が機能していることがある。

こうした慣行のもとでは年齢を重ねることによって得られる企業特殊的熟練は転職によってその有利さが低下する。そして，他企業へ転職すると後払い型の雇用報酬が得られなくなる。そこで中高年の従業員は将来的に約束された報酬が○○ショック等の予想外の不況等によって抑制されたとしても企業への定着を選択することになる。そして企業の方も余剰人員の問題に困ることになる。こうした問題は，戦後で当時最大の景気後退であった昭和40年（1965年）の証券不況の時からいわれていた。

また，グローバルな海外投資家と労働分配率については，2000年から2009年のデータでは海外投資家の持ち株比率は1人当たり人件費の上昇に寄与するものの，労働分配率の押し下げに働いている。労働分配率低下は企業のコスト抑制の効果があるが，グローバルな海外投資家の増加が資本分配の上昇，すなわち労働分配率の低下圧力として働いている面もある。これは先述のメインバンクとの株式持ち合い解消と表裏の関係にあり，図3－1のように銀行保有株式の減少と労働分配率の低下には相関性がある。

「伊藤レポート」によれば，総資産利益率（ROA）等を見ると日本企業と欧米企業ではほぼ倍の格差があり，この傾向が20年にわたり続いてきた。伊藤レポートとは，2014年に公表された伊藤邦雄一橋大学教授（当時）を座長とした経済産業省の「『持続的成長への競争力とインセンティブ〜企業と投資家の望ましい関係構築〜』プロジェクト」の最終報告書のことを指す。自己資本利

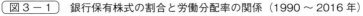
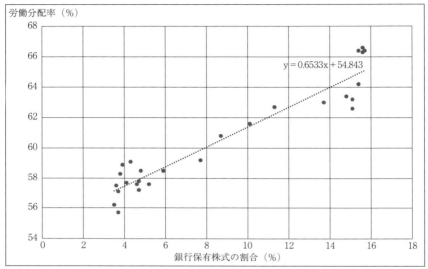

（注）労働分配率は雇用者一人当たり雇用者報酬÷就業者一人当たりGDP。相関係数 0.95（p値< 0.01）。
資料：労働政策研究・研修機構ホームページ，活用労働統計（2018年版）（筆者作成）

益率（ROE）の目標水準を8%としたことで知られている。

　このレポートでは日本企業の低収益性という問題に取り組まなければ持続的成長に向けた方策を見出すことはできず，日本企業への中長期投資が低リターンしか生まなければ，合理的な投資はより短期の株価変動からの収益機会を求めるものにならざるを得ないとされた。

　このROEの改善と労働分配率については，自社株買い等の施策で企業が配当やROEを向上させる姿勢を強め，一株当たりの利益額を上げようとしていることも労働分配率下落の要因である。日本企業のROEは確かに海外と比較して低水準にあり，今後も引き上げることが求められる。しかし，高度経済成長時代に見られた賃上げによる経済の拡大といった政策とは矛盾する部分もあり，企業は難しい状況に立たされている。

　そして対外直接投資と賃金については，賃金を含めた国内の消費・投資を抑

制しているから企業の過去最高益が実現しているというのが実情に近い。内閣府によると先進国の一人当たり実質賃金の推移を見ると，1991年から2019年にかけて，英国は1.48倍，米国は1.41倍，フランスとドイツは1.34倍に上昇しているのに対して日本は1.05倍にとどまっている。そして民間企業の設備投資額の推移をみると2000年から2019年にかけて，米国は1.45倍，フランスは1.42倍，ドイツは1.26倍に伸びているのに対し，日本は1.1倍にとどまっている（内閣府「賃金・人的資本に関するデータ集」2021年）。こうした状況が海外投資を可能にし，企業は遅れていたグローバル化を進めていると考えられる。

　もっとも，わが国の生産性の低さも問題となっている。生産性が低いものにとどまる限り，日本の経済成長率も低位にとどまることを余儀なくされる。日本の一人当たりGDPを物価水準の差の影響を除くために購買力平価でドル換算した場合49,089ドルであるが，ドイツは64,086ドルとなり，日本より約3割大きく，これは生産性の差を意味する（IMF調べ。2022年）。だが，少子高齢化の影響を除くために生産年齢人口（15～64歳）をベースとすると，その差は約2割になる（筆者試算）。つまりわが国の経済の問題は少子高齢化の問題より，生産性の問題に現れた社会の効率性の問題の方が大きい。しかし，その前にまず労働生産性の改善に及ばない賃金上昇率の引き上げが行われることが前提となる。これを修正しなければ生産性を改善しても賃金は上昇しない。

　このように国内の産業の拡大のためには生産性の改善が課題となるが，この生産性の低さを労働時間の面から見ると，長時間労働が大きな要因となっているのではないか。長時間労働になるほどメンタルヘルスは悪化し，労働時間が週50時間を超えるとそうした傾向が出始めるとされている。そして労働時間が週55時間を超えると仕事の満足感は高まる傾向があるが，これは認知の歪みでありワーキング・ハイであるとされている。

　この労働生産性を左右する労働時間の短縮と業績向上を両立させた国としては先述のドイツがある。ドイツ人労働者の1年間の平均労働時間は1,341時間だが，これは日本（1,607時間）よりも約17％短いものとなっている（OECD調べ。2022年）。彼らが働く時間は日本人よりも約270時間も短い。ドイツの労働市

場の流動性の低さは日本ほどではないが，米国と比べると概ね日本に近いのであるが，それでも短時間労働の国となっている。

　毎月勤労統計調査によると，わが国のパートタイム労働者を除く一般労働者の労働時間は 20 年近く 2,000 時間以上である（2023 年は 1,962 時間）。つまり，わが国では正社員の長時間労働の問題が改善されていない。労働統計で労働時間が減少しているのは非正規雇用の割合が増加したためであり，正社員の長時間労働の原因はわが国の企業組織の仕組みにある可能性が高い。

　しかし，若い世代の未来が暗いものかというと少子高齢化問題でいわれるほど悲観的なものにはならない。それは，経済成長の3つの要素である資本，労働，技術進歩のうち，専門的には全要素生産性（TFP）と呼ばれる技術進歩が維持できれば将来の展望は開ける。さまざまな意見があるが，労働人口の減少の影響をどれだけ技術進歩が上回るかが，若い世代の未来を決める。この TFP を高めるには，成長が見込まれる分野で生産性向上の取組みができるかにかかっている。

２．必要とされる対処策

　上記のような現状への対処策として，現在の行き過ぎたタテ社会に欧米のようなヨコ社会の要素を組み合わせることによりタテ社会に風穴をあけ，開放性のあるタテ社会へと修正してはどうか。その理由は行き過ぎたタテ社会の持つ過度な封鎖性が低流動性の労働市場を作り，流動化した金融市場と労働市場のミスマッチに起因する問題を引き起こしていると考えられるからである。

　日本の企業組織はタテ社会がベースになっており，タテ社会では新参者は社会の一番下から入るのが自然で新卒一括採用が普通であり，中途入社の者はソトからの人として扱われて組織に入りにくく，転職は職場への適応の点でも不利となっている。また，リーマン・ショック等の不況になれば新卒学生に門戸を閉じ，景気悪化の負担を企業社会に参加もしていない若者に負わせ，景気が良くなっても中途採用を行わないため，生涯に渡り不景気の負担を押し付ける。

一方，ヨコ社会は能力主義で年齢に関わりなく一人ひとりの役割が決まり，その役割は状況に応じて変わるため，安定性に欠ける。しかし，変化に対応する柔軟性があるとされ，こうした柔軟性を一部に取り入れるべきであろう。

　そこで現在の行き過ぎたタテ社会に風穴を開け，開放性を作る具体的な方法として，政府が大企業に対して幹部従業員，例えば執行役員の3分の1を在籍期間が直近5年以上在籍した中途採用者から任命するという努力目標を課することが考えられる。そして，その前提として退職金制度を企業年金にシフトし，賃金カーブをS字から直線的なものへと修正することを目標とし，そのためのインセンティブを政府が企業に与えてはどうか。S字カーブとは，従業員の勤続期間が長期になるにつれて賃金と退職金が急激に上昇し，その後緩やかになるタイプの給与の設計を表す。賃金の支給額を勤続年数別にグラフにするとS字形が右に傾いたような形になることからS字カーブといわれる。

　日本社会という同一の労働市場にいる人々の間でも，そこでの職務遂行能力の高さによって当該個人を取り巻く環境の流動性が異なる。対人関係や集団の閉鎖性が高い低流動性社会では，一度他者から排斥されてしまうと新たに対人関係を結ぶことが困難であり，最悪の場合，社会的孤立の状態に陥るリスクが存在するとされている。

　しかし，そうしたなかでも能力の高い人々は評判の低下を恐れずに転職し，転職先で新たな人間関係を築ける。つまり，将来の執行役員の候補となるような企業の中核人材は労働市場の流動化に耐えられる。こうした人々をターゲットにした雇用の流動化の目標を政府が講じ，賃金の後払い的な部分をなくすことで労働市場全体の流動性は高まり，従業員の賃金交渉力は高まる。

　わが国の低い流動性の労働市場は，戦時中の国家総動員法に関連して軍需産業の転職を禁止したことから始まっているのであり，そうした方向を修正することになる。2021年6月のコーポレート・ガバナンス・コードの改訂において，「管理職における多様性の確保」について女性と外国人に加えて，中途採用者が追加された。多様性の確保の対象として中途採用者が追加されたことになるが，生え抜きの日本人男性社員中心の過度に封鎖的なタテ社会，内部昇進

制の下で上司の意向を重んじる日本の企業組織に，多様性の要素を加えた方が社会に活力が生まれる可能性がある。

　退職所得の税制において20年超の長期勤務者に対して行われていた優遇措置の廃止が検討されているが，これは中高年社員の流動化促進税制となるのではないか。先述の中根は非正規雇用，受験競争，パワハラ等を行き過ぎたタテ社会に由来する問題とする。受験競争は親が終身雇用制度が続くと考え，その中で子供に有利な就職をさせるため一流大学志向が強くなるために起こっている現象である。

　中途入社しやすい企業が増えれば雇用の流動化が進み，企業はその企業にとって最も必要とする人材を中途採用できる道が開ける。企業の生産性が高まり，その人に対して高い賃金を支払うことができるようになる。生産性の改善は企業の特性と労働者の能力，そしてその組み合わせも良くなければ難しい。

　こうしてみると，わが国は株式市場のグローバル化の進展と労働市場の慣行との間にある制度的なミスマッチについて，日本的経営を修正し，失業なき労働移動ができるように労働市場の流動化を進めることが必要であろう。人手不足経済に移行しつつある現在，適度な労働移動を起こすには良い状況にある。

　わが国のデフレの原因を究極的原因である遠因と，より直接的原因である近因に分けて考えれば，遠因は貨幣の問題であり，近因としてはわが国の金融市場と労働市場のミスマッチの問題がある。遠因への対処策としての量的・質的金融緩和の実施がなければデフレから1.0％（2018年）の物価上昇率のプラスへの転換はできなかったであろう。しかし，2022年から始まった米国との金利の差を原因とする円安や資源高というコスト要因ではなく，賃金の上昇に伴う2％のインフレ目標の実現には時間を要している。その理由はこうした制度的なミスマッチの問題がボトルネックとなっているに違いない。

　なお，インフレ目標の2％とは実質的には1％程度のインフレを意味している。インフレ率の値は実際より高く算出される上方バイアスがあることがわかっている。日本銀行は2％のインフレ目標について消費者物価指数は1％程度高く算出されるので，これを踏まえて2％を目標としたと説明している。

また，専門的にはフィリップス曲線と呼ばれる物価上昇率と失業率の関係性から2％程度のインフレの状態が経済状態を良くして失業率を下げるには効果的とされていることがある。

確かに流動性の高い労働市場に移行すれば労働市場からの圧力で賃金は上昇し，通常のインフレ目標は達成するであろう。

しかし，平均勤続年数が約4年の米国のような高い流動性の雇用制度は，先述の通り，社会の変化に対する柔軟性があるものの，雇用の不安定性も大きくなる。わが国の長期雇用，年功賃金は雇用の不安を軽減し，賃金の生活給としての性質は従業員の生活を確かなものとし，人の和を大切にする職場の雰囲気などの優れた面がある。現代の企業の競争力は人材の質がその源泉となっているので，人を大切にする経営は今後も維持しなくてはならない。

中根はタテ社会という社会構造は時代が変わっても変わらないものであるが，現代ではタテの関係を認めつつ，もう少し柔軟なシステムが望ましいとしている。

しかし，重要なことは社会保障制度と切り離し，雇用制度だけ，賃金制度だけの変更は困難であるということである。1974年の労働白書では，どの国でもライフサイクルによる家計消費支出は似通っているにもかかわらず，年齢別賃金構造は大きく異なることを示し，欧州諸国ではそのギャップは児童手当や住宅手当などの公的な制度によって支えられていると指摘していた。つまり，企業の雇用制度・賃金制度だけの改革では解決しない部分が多いことは50年前から認識されていた。

終身雇用と年功序列制，従業員を引き留めるための多額の退職金の制度は，衰退産業から成長産業への労働移動の速度を遅くしている。S字カーブの賃金体系を修正し，退職金制度はポータビリティーのある企業年金制度へ移行し，開放性のあるタテ社会を目指したい。このポータビリティーとは，「持ち運びができること」の意味であるが，企業年金制度では転職で会社が変わった場合でも，それまで積み立てた年金の原資を持ち運べることを指す。また，先述の通り，不況になれば新卒に門戸を閉じて就職難を作り出し，さらに，それらの

若年者は企業の中途採用忌避のため，その後も良い職場に就職することができないのであり，タテ社会の入り口としての新卒一括採用を見直してはどうか。流動性の高くなった資本市場と固定的な労働市場のミスマッチが解消できれば賃金上昇に伴うインフレが生じ，また，適切な労働移動によって生産性が向上し，持続的な経済成長が起こるのではないか。

II　日本のFPの未来

1．わが国の労働市場

　先述の通り，昭和時代の企業と銀行の株式持合いの解消により，労働分配率は低下し，労働生産性の改善幅より小さい賃金上昇が続くようになった。後払いの賃金制度と終身雇用制の下で転職のオプションが事実上ないため，正社員はこうした賃金の抑制を受け入れた。もっとも，正社員には年率1.8％程度と推計される定期昇給の制度が概ね残されていた。

　晩婚化が進む現在では，住宅ローンの完済年齢が高年齢化することになる。当然，退職金による返済を考えることになるが，定年退職者の退職金額を見ると，平均で1,700万円〜2,000万円程度となっており，ピーク時から約3〜4割程度減少している（金融審議会調べ（2018年））。とはいえ，こうした住宅ローンという多額の長期債務を抱えていることも転職を困難としている。

　今後，わが国はグローバル化した株式市場に対応して労働市場の流動性も徐々に高まり，退職金制度の修正等転職しやすい社会となって行くと考えられる。同時に雇用の安定性は減少し，従来型の終身雇用と年功賃金制を前提にした企業頼みの日本的ライフプランに依存することには注意が必要となる。実際，定期昇給もかつては50代前半まで続いたが，現在は40代後半で終わることが多くなっている。

　従業員がインフレに反応するのは，定期昇給が先述の通り年率1.8％程度であれば物価上昇率が1.8％を超えた時であると考えられ，それ以下の物価上昇率では強い賃上げ要求には至らないのではないか。実際，過去50年（1971年

から2022年)の賃金上昇とインフレ率の関係をみると、インフレ率が2％を超えると賃金への転嫁率（パススルー率）が上昇するという傾向がある（日本政策投資銀行調べ（2023年））。したがって、定期昇給の制度はインフレ時における賃金水準の上昇幅を小さくさせる方向に働くといえる。2022年から起こった海外要因による物価上昇は、2022年度は3.0％と41年ぶりの上昇となり、この水準を超えたことから2023年から賃上げへの動きが現れたのではないか。

　また失業者のうち1年以上の長期失業者の割合は、米国が13.3％（2018年）であるのに対して、わが国は企業が新卒採用重視、中途採用忌避の傾向があることから39.5％と高く（2016年。2021年は34.2％）、転職の困難度合いは米国に比較して大きい社会となっている。こうした状況では従業員はベースアップがゼロ、または小幅のベースアップであっても受け入れるしかない。正社員の地位を守れば、内部昇進の制度で将来の昇給・昇格が保証されているからである。

　これを確かめるために転職者が比較的多い中小企業と転職者が少ない大企業の賃金上昇率を比較すると、図3−2のように景気が良くなり（2005, 2006, 2007年頃と近年）、転職者が多くなると、中小企業の方が大企業より賃金の上昇傾向が大きくなっている傾向が見られる。

　つまり、転職を選ぶと損をする大企業の従業員はわずかな賃金の上昇を受け入れるが、転職を選んでもそれほど損のない中小企業の従業員はより多くの賃金の上昇を求めており、その結果、中小企業は景気の良い時は、賃金の上げ幅を大企業並みにして従業員の引止めを図っていると考えられる。

　しかし、終身雇用制自体の最大の問題点は、労働者と企業のミスマッチが解消されにくいという点にある。就職してから実は仕事内容が自分の興味や特性と合致していないことに気づくということはよくあることであるが、転職のコストが大きければ従業員は我慢して同じ企業で働き続けなければならない。こうしたミスマッチは企業の生産性を低下させたり、余剰人員を抱えて追加の費用が必要になったりという意味で企業にコストをかけることになる。実際、先述の通り、わが国の労働生産性は低いのであり、ドイツとの比較で見たように

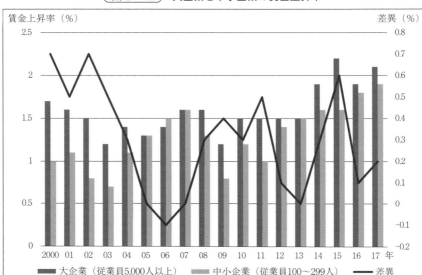

図3-2 大企業と中小企業の賃金上昇率

資料：2018年版中小企業白書（原資料：厚生労働省「賃金引き上げ等の実態に関する調査」）（筆者作成）

少子高齢化の改善より，低い労働生産性の改善の方がわが国の経済成長には効果的である。

　しかし，日本の経済的・社会的な制度体系の根幹にあったのはなんといっても終身雇用制で，その他の制度はそれを補強する，あるいはそれによって補強されるという関係にあったのであり，これが変化するとしても終身雇用制度は部分的な選択の対象として残るとされている。この終身雇用のような制度は社会の多くの制度とお互いに補完しあう形で共存しており，どのように人的資本を蓄積するのかという意味で教育制度のあり方にまで関連してくる。

　少子化で人手不足経済へと移行すると，企業の人の囲い込み意欲は増すので，わが国の終身雇用制がなくなってしまうとは考えにくい。経済成長と共に人々の生活は豊かになって行くものの，個々人のライフプランの不確実性は増大するであろう。こうした状況を踏まえて，日本的経営の変化に対応した雇用

システムの変化に着目し，公的年金，公的保険等の社会制度の観点を含めたFPアドバイス業務が求められているといえ，不確実性の増す状況に対応し，人々の平穏な家庭生活に役立つFPアドバイスが重要となっている。

2．これからのFP

人生3大資金といえば，教育資金，住宅資金，老後資金であろう。まず，金額の大きい住宅資金について考えると，住宅ローンを活用するため金利についての知識が重要となる。現時点（2024年7月）では金利が上昇する傾向にあるが，わが国は預金商品の金利についての規制が廃止された1994年の後，バブル崩壊への対処策として低金利政策がとられた。そして2013年からはデフレ対策として大規模な金融緩和政策がとられたため，極めて低金利の時代を過ごした人が現役世代の大半となっている。そのため，金利についてのFPアドバイスは重要性を増すだろう。

わが国の経済は金融緩和政策と海外要因のインフレによってデフレを脱却する方向にある。そのため金利も上昇傾向にあり内閣府の試算（2024年7月時点）では，長期金利（10年物国債利回り）は2033年度に経済の状況に応じて1.4～3.4％程度となると予想されている。

住宅ローンについていえば，短期金利の上昇は変動金利型のローン金利を上昇させる。そして長期金利の上昇は固定金利型のローン金利を上昇させる。短期金利とは取引の期間が1年以内の金利のことであり，「短期金融市場金利」「定期預金金利（1年未満）」などがある。一般的に長期金利の水準については短期金利に約1～2％を加算した水準と考えられ，この差のことを長短金利差と呼び，その意味は10年という期間の不確実性（リスク）に対する報酬（プレミアム）が基本となると考えられている。先述の長短金利差の水準は過去の長期のデータに基づく10年単位の長期的な予想値であり，短期的には経済の状況，市場の状況，金融政策に応じて変動する。

固定金利型住宅ローンの金利に影響する長期金利の変動の仕方については，「期待理論」が有力な説である。例えば景気がピークになると短期金利が長期

金利に追いついて，場合によっては追い抜くという長短金利の逆転（逆イールド）がある。米国では2022年からこの状態が発生しているが，その幅は縮小傾向にある（2024年8月時点）。わが国では，1990年代のバブル経済の崩壊の時に発生している。

　この現象は，今は景気がよく短期金利も高いのであるが，これから景気の後退が予測され，短期金利も低下していくと考えられると長期金利はそれに先駆けて低下するために発生する。その理由は，将来の短期金利が下がるのであれば，今，比較的金利の高い長期の債券で運用しておけば有利である。そのため多くの資金が短期運用から長期運用へと急激にシフトし，短期債券の市場における売り手と長期債券の市場における買い手が増えるからである。

　そして先述の通り長期金利は景気変動を先取りしながら変動している。長期金利は将来の短期金利の変動の見込みに基づいて決まると考えるわけである。つまり，

　　短期金利の「将来」の上昇見込み → 長期金利の「現在」の上昇
　　短期金利の「将来」の低下見込み → 長期金利の「現在」の低下

と表すことができる。現在は日本経済がデフレからの脱却に成功し，いわば「金利のない時代」から「金利のある時代」へと移行しているが，今後，ますますこうした知識の重要性が増すであろう。

　そして，資産形成や老後資金の準備のためには株式市場についての知識が重要となる。その重要な知識としてはPER（株価収益率）がある。PERは，英語でPrice-Earnings Ratioの略であり，株式投資における指標の一つで，企業の株価をその企業の一株当たり利益（EPS）で割った値を指す。この値が高いほどその企業の株価が過大評価されている可能性があり，逆に低いほど過小評価されている可能性がある。

　実際，図3-3のように，米国の長期のデータによると株価収益率が高い時から10年間株式投資を行った場合，その投資成果は相対的に低く，株価収益率が低い時から始めた10年間の投資はリターン（収益）が高いことが知られ

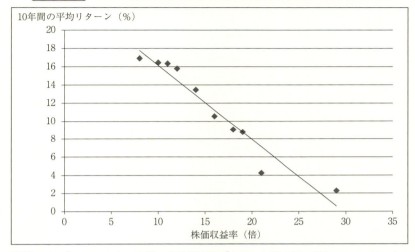

図3−3　米国の株価収益率と株式投資の収益性（1926年〜2009年）

資料：バートン・マルキール著，井手正介訳『ウォール街のランダム・ウォーカー』
　　　日本経済新聞出版社（2011年）

ている。

　先進国の株式市場のPERの長期的な平均値は15倍程度とされているが，バブル期の1989年末の日経平均株価はその4倍の61倍位であった。米国の株価指数であるSP500は，1989年末は15倍程度であったので，仮に1989年末の日経平均株価38,915円を米国のPERの見方で見直すと約1万円となる。当然，割高ではという見方があったが，企業の保有している土地の価格を考慮すると割高ではないという意見もあり，株式市場を動かすような有力な指標とはならなかった。現在は，PERはわが国でも株価水準の有力な指標と認識されている。

　1980年代は東証一部市場における海外投資家の割合は多い時でも10％程度であったが，現在（2024年3月末時点）は先述の通り31.8％となっている。グローバルな海外投資家は，PERの水準に見られるように，わが国の株式市場の価格の決定を合理的なものとしており，その影響は2000年代以降に強くなっている。これは海外のグローバルな株価情報と為替レート情報がこの時期以

降,日本の株式市場にとって重要になったことが理由であり,グローバルな海外投資家がその情報を活かして日本株を取引するようになったためといわれている。こうしたことから日経平均株価をドルに換算した「ドルベース日経平均株価」という見方も重要になっている。為替相場変動を考慮した上で,グローバル株にとって良いニュースは,概ね日本株にとっても良いニュースとなる。

　なお,PER と共に重要な指標として PBR（Price Book-value Ratio）がある。株価が割安か割高かを判断するための指標であり,一株当たり純資産の何倍になっているかを示す。日本の上場企業はこの値が1倍を下回る企業が欧米の上場企業に比べて多い。PBR は,PER,ROE と次の関係がある。

　　PBR = PER × ROE

　つまり,PBR の改善には PER と ROE の適切な改善が必要となる。

　しかし,日々の生活に追われ,資産運用はライフプランの実現のために行う個人がこうした情報を把握して投資することは不可能であろう。そこで効率的市場仮説を基に投資を行うインデックス・ファンドの利用が有効となる。効率的市場仮説とは,株価の決定に利用可能なすべての情報は直ちに株式市場に織り込まれるため,人が銘柄を選び,売買を繰り返す運用（アクティブ運用）では継続的に市場平均を上回る成績をあげることはできないという説である。そして,その市場平均を目指すのが日経平均株価等のインデックス（指標）並みの運用を目指すインデックス・ファンドである。この理論のポイントは市場が「効率的」であることである。これは平たくいえば,金融の世界では割安や割高なものがあっても,それは割高なものを売って割安なものを買う取引（裁定取引）によってなくなってしまうということにある。

　長期的にはよく市場の現状を説明できるとされており,実際,新 NISA のつみたて投資枠の買い付けシェアはインデックス・ファンドが 89.96％ となっており,一般の人々に活用されている（金融庁調べ（2024 年 3 月時点））。

　また,FP アドバイスとして総合的なライフプラン診断のサービスが求められる時代となったのではないか。「高齢化と金融包摂のための G20 福岡ポリ

シー・プライオリティー」(2019年)で採り上げられた8つの優先項目のなかでも，「生涯にわたるファイナンシャルプランニングサービスを提供しよう」という項目が取り上げられている。

いわゆる金融教育の項目は多岐にわたるが，ライフプランにかかるお金の管理（生活設計）は，日本人の「弱点」であり，日々の家計管理とともに金融教育のなかで優先すべき分野といわれている。借り入れや資金運用，公的年金等の部分的で断片的な知識があっても，それらを総合的に考えて平穏な生活のためのライフプランを考えることができる人は多くない。平成時代に賃金のベースアップがないままに平均余命が伸び，高齢者の数が増えたために，今後，一部の人は「老後2,000万円問題」に直面するのではないか。

こうした点を踏まえ，高齢期に入る前に中年期の人々への金融およびファイナンシャル・プランニングの提供を行うべきであろう。行動経済学でいわれる行動バイアスの一つである「現在バイアス」では，人には老後のことは軽視する傾向があるとされているが，適切な支援で認知を変えて行動変容を促すことが重要である。行動経済学は心理学や社会学を経済学に取り入れた学問で，人間は必ずしも合理的には行動しないこと，また不合理な行動には一定のメカニズムや規則性があることを解明した。この不合理な行動を行動バイアスと呼ぶ。

米国では自己破産のように家計が破綻した人に対して，司法省による認証を受けたカウンセリング機関において，有資格者（認定クレジットカウンセラー・CFP・CPAなど）がカウンセリングを行っていて，その内容は返済計画の作成，生活設計，ライフプランニング，予算管理等となっている。

日本でも多重債務を自己破産や任意整理等の方法で一時的に解消したとしても，家計管理能力を回復しない限り，心身ともに健康な生活は実現されえないとされている。高齢期に貧困の不安に直面する人々には，中年期から家計管理能力の強化が必要ではあろう。

ドイツでは国家・NPO等が中心となり，高齢者から若者に対してフェイス・ツー・フェイスによる退職準備教育など草の根の啓発活動が全国で実施さ

れ，多くの参加者を得ている。具体的には「退職準備学校」キャンペーンが2007年にスタートし，12時間の研修コースにおいて，30～45歳の成人が高齢者の知見（退職向け準備）を学んでいる。

そして，米国の高齢者法では事前に（advance）とか計画（planning）という言葉が多用されている。人は高齢期に入る前に何らかの研修を受ける仕組みが必要であり，そこで高齢期の諸問題に対する対策をあらかじめ学習することが必要である。一人でさまざまな問題についてプランニングをすることは困難であり，高齢者を支援するネットワークが必要である。児童に児童相談所があるように高齢者相談所と呼ばれる施設があって良いのであり事前の取組が重要といわれている。

ごく普通の個人が住宅ローン，資産運用，消費者ローンといったさまざまな金融サービスを使いこなし，自らの金融ニーズを満たして行くことは簡単とはいえない。そこで，金融機関のFP業務が重要となってくる。個人向けのファイナンシャル・プランニングは，地域金融機関における地域密着型金融（リレーションシップバンキング）と類似した面がある。中小企業への「ライフサイクルに応じた取引先企業の支援強化」を「ライフサイクルに応じた個人の支援強化」とすれば，個人の持続的発展，資産形成，資金調達，資産運用，そして資産承継等へのアドバイスの重要性が表現できるだろう。そして，こうしたアプローチは新たなビジネス・チャンスになることは間違いない。

米国のFP（FAと呼ばれることもある）は，ファイナンシャル・プランニングと投資アドバイスを主な業務としており，退職後の所得設計，ファイナンシャルプランニング，ポートフォリオ・マネジメント等のサービスを提供している。そして，顧客が投資アドバイスを依頼する時に重要なことは，「付き合いやすい，配慮深い」などFPの人柄であり，また「分かってくれる，聞いてくれる，説明してくれる」ことである。

重要なことは，必ずしも投資実績は重視されていないことである。顧客の話をよく聞くことや誠実さを含め，FPは何より人柄が重要となっている。米国の社会は人の流動性の高い社会であり，人間関係の結びつきは不安定で，希薄

化しやすい面があることから，一層人間的な面が重要となるのであろう。FPの所属先は投資顧問会社のほか，証券会社，銀行などであるが，いずれの場合も地域密着型であり転勤は少なく，地域での評判（レピュテーション）が重要となっている。

　わが国でも投資信託を購入した顧客の投資損益がプラスとなっている割合は，預金取扱金融機関の中では協同組織金融機関78％，主要行等71％，地域銀行67％と狭い営業区域で高密度の地域密着型営業を行う信用金庫・信用組合等の協同組織金融機関が一番高くなっているのはこうした面があるからではないか（金融庁調べ（2023年3月））。

　わが国でもこうした幅広い視点からのFP業務，企業依存の人生から変化の多い人生への移行の下，人々の平穏な暮らしのためのFP業務が志向される時代が来ているのではないか。

III　金融取引の基本

1．貨幣の流れ

　金融とは資金の融通を略した言葉であり，現在，お金の余っている人から，現在，お金の足りない人へ資金を提供し，将来，そのお金を返してもらう取引のことを指すといわれる。つまり，現在のお金と将来時点でのお金の取引という「約束」を交換することである。人生100年時代となり，人々は若い時の貯蓄を引退期で使用するという「現在」と「将来」をつなぐ金融機能がなくては生きて行けない時代となっている。今，資金が余っている人は，今は資金がなく財・サービスが買えないが将来は収入が増えて資金ができる人と資金の交換を行えば，互いに消費生活の満足度合いが向上する。

　この交換をより効率的に行うための前提として，交換の手段として貨幣が使われる。貨幣経済の特徴は，交換がすべて貨幣による交換の形をとって行われる。例えば，ある人がモノを買えば，モノと引き換えに貨幣を渡し，モノを売れば貨幣をもらう。このように経済の営みに伴って生産から消費に至るモノの

流れが生じると、それに伴って必ず貨幣の流れが発生することになる。こうした貨幣の流れを「産業的流通」と呼ぶ。

　しかし、貨幣経済の下では産業的流通と並んで「金融的流通」と呼ばれる貨幣の流れがある。これは生産から消費へというモノを流通させるための貨幣の流通ではなく、金融取引、つまり、お金の貸借によって起こる貨幣の流通である。金融的流通はお金の余っている主体、つまり黒字主体からお金の不足している主体、つまり赤字主体へと貨幣を流通させることであり、この結果、産業的流通を円滑化する機能を担っている。

　こうして、金融的流通は投資と貯蓄を有効に結びつけている。生産から消費までのモノの流れが経済の本質的な取引であり、その意味ではモノの流れを担っている産業的流通が経済の本質的な営みを示すものである。しかし、それが金融的流通に支えられているとすれば、経済活動を活性化する金融的流通の役割は重要である。例えば住宅や自動車は、それぞれ住宅ローンや自動車ローンという金融取引がなければ購入できないのが社会の実情である。結局、貨幣の産業的流通は貨幣の金融的流通に支えられているといえ、銀行はこうした貨幣の取引を担う金融システムの一つとして株式市場・債券市場と共に大きな役割を果たしている。

２．情報の非対称性

（１）情報の非対称性とは

　一般に資金の調達者、例えば銀行借り入れ、株式発行、債券発行を行う企業は自分自身に関する情報を他人である資金提供者、つまり銀行、株式・債券の投資家よりよく知っている。

　例えば債券の信用リスク、つまり債券が不払いとなるリスクについて見れば、投資家より債券の発行者である企業自身がより詳しい情報を持っている。個人のカードローンであれば、借入人本人の方が貸し手の銀行・クレジットカード会社より多くの情報を持っている。このようにある主体が持つ情報と取引相手が持つ情報が異なること、情報が偏在することを「情報の非対称性」が

存在するという。そして，情報が多い方を情報優位者，少ない方を情報劣位者と呼ぶ。そのため，返済能力，返済意思，返済のための努力が十分な借り手についてもそのことが資金提供者によく伝わらないと信用リスクについて疑問を持たれ，金融取引が困難になる。

　さらに詳しく見れば，金融取引が行われる前の段階の情報の偏在は，「事前の情報」の非対称性であり，貸し手にとって借り手が優良か否かということが「隠された情報」となる。また，取引期間中では，貸し手は借り手の資金を用いた事業活動についての情報，いわゆる「中間の情報」を完全に監視することはできず，資金提供者は資金調達者の「隠れた行動」に不安を持つことになる。そして，金融取引後の段階では借り手の事業活動の成果についての情報，つまり「事後の情報」が問題となり，貸し手は「真の結果が隠されて，偽の情報が流される可能性」を疑う。

　そして，情報の非対称性の問題は，「逆選択」と「モラル・ハザード（倫理の欠如，道徳的危険）」とに分けられる。

　まず，「逆選択」とは，資金調達者の事業実施能力や返済意思など彼らがもともと持っている性質に関して，先述の「事前の情報」に関する非対称性が存在する時に起こる問題である。この問題が大きいと資金調達者は高い金利を要求される。なぜなら，資金提供者は資金調達者が事業実施能力が劣る調達者である可能性も考慮にいれ，平均的な企業を想定して貸出金利を決めるしかないからである。一部の優良な借り手にとって借り入れ金利が高く感じるのはこうしたことによる。

　この時，この優良な資金調達者が金利が高すぎることを理由に資金調達をやめると，市場には事業実施能力の劣る資金調達者だけが残ることになってしまう。そして，結果として金融取引が行われなくなる。このような事態を「市場崩壊」と呼び，このような事業実施能力の低い不良な貸し手が優良な貸し手を市場から追い出してしまうことを「逆選択」と呼ぶ。

　この問題は2001年にノーベル経済学賞を受賞したジョージ・アカロフにより中古車市場（「レモンの市場」）を例にとって説明された。米国で「レモン」と

呼ばれる中古車には，その品質が売り手にはわかっているが買い手にはわからないという性質がある。皮が厚くて中身の状態が判別しにくいレモンは英語の俗語で「欠陥品」という意味がある。

　情報の非対称性が大きい市場では，品質の高い中古車も品質の低い中古車も区別されることなく，市場で売りに出された中古車の平均的な品質に見合う価格を一律に付けられることになる。この時，品質の高い中古車の売り手が，価格が低すぎるとして中古車市場から撤退してしまうと，市場で売りに出される中古車は品質の低い車ばかりとなってしまう。こうした原理を「レモンの原理」と呼び，情報の非対称性のために資金調達者が求められるリスクの見返りとしてのプレミアム（上乗せ報酬）を「レモン・プレミアム」と呼ぶ。

　これに対して「モラル・ハザード」は，資金が提供された後の段階で資金提供者と資金調達者が持つ情報が異なる場合に起こる。すなわち，資金調達者である企業の事業実施のための努力水準や事業活動の成果についての報告など彼らの資金提供後の行動に関しての情報，つまり先述の「中間の情報」に非対称性がある時に発生する。

　資金調達者が十分な事業実施のための努力を行い，また，真実を報告するつもりがあっても，その事実が資金提供者である銀行，株主，債券保有者に伝わらなければ資金返済に疑問がもたれ，資金提供者から要求される金利や配当金は高くなる。

　つまり，情報の非対称性の下では，誠実な資金調達者の事業実施についての努力や正直さは報われないものとなる。いわば真面目にやろうが怠けようが資金提供者からはよくわからない状況だということであり，ここから事業実施の努力を怠り，不誠実・不適切な行動をとる資金調達者も生じる。その結果，要求される金利がさらに上昇し，あるべき金融取引が困難となる。

　そして，先述の「事後の情報」の問題として，資金返済時において資金調達者の利益や資産がどれだけあるかに関する情報の問題がある。「事後の情報」がわからない場合，資金調達者は十分支払い能力があっても事業が失敗したと嘘をつく誘因が生じ，これは「隠れた情報のモラル・ハザード」と呼ばれる。

こうして事前，中間，事後の情報の非対称性の問題を解決しないと金融取引は円滑に行われない。

(2) 情報の非対称性への対処策

　情報の非対称性を克服して円滑な金融取引を行うために，「情報開示」，「情報生産」，そして担保などの仕組みが考えられている。情報の非対称性の問題への対処策には，債務証書を販売する側，つまり借り入れ証書，株券，債券を引き渡す側が自ら積極的に情報を提供し，その正しさを証明する方法，いわゆる債務証書の販売者責任による方法と，債務証書を購入する側が情報を分析する方法，いわゆる購入者責任による方法とがある。

　一般的には債務証書を販売する側が自分のことを証明する方が望ましい。先述の通り，資金調達者の状況は資金調達者自身がよくわかっているわけであり，原則的に情報の非対称性の問題は，低いコストの資金を提供してくれる複数の資金提供者をめぐり，資金調達者同士が競う資金獲得競争で解決するべきとされる。

　「情報開示制度」とは，資金調達者が発信する情報が真実のものかを調査して，発信された情報に裏付けを与える制度のことである。資金調達者が自分を優良な資金調達者であると証明することは実際には困難である。そのように見せるために良い情報を出して悪い情報は隠すかもしれないし，虚偽の情報を出すことも考えられるため，信用されない。そこでこうした情報についてはその正しさを担保する社会的・制度的な仕組みが必要となる。この仕組みによって真実に反する情報開示を行った資金調達者には社会的な制裁が与えられる。

　「情報開示制度」には，公表される情報を公認会計士が監査し，それを周知する会計監査制度や，虚偽の情報，自分に都合の良い情報だけを公表し，都合の悪い情報を隠した資金調達者を罰する法制，証券取引所の規則等がある。米国発祥の債券の評価を行う格付会社（S&P，Moody's等）などの格付け制度も広い意味での情報開示制度と言え，こうした情報開示制度がしっかりしたものであれば，将来の返済能力が怪しいにもかかわらず，実状を偽って株券や債券等

を発行するといった事態は排除できるとされる。

　一方，資金提供者が自ら費用をかけて行う資金調達者に関する情報収集・分析・評価のことを「情報生産」と言い，一般に銀行等の金融機関は各種の情報や専門化した審査能力を持っている。銀行は，通常，長期的・継続的に借り手からより多くの信頼できる情報を引き出し，借り手を監視する能力を持っており，情報生産能力は高い。そして，大企業取引に比べて中小企業取引は情報の非対称性が大きいので，銀行等の持つ情報の非対称性を緩和する機能は中小企業金融の場合重要となる。

　この情報生産は複数の資金提供者がそれぞれ個別に情報生産を行うような，いわば分権的な情報生産は効率的ではないという問題がある。その問題の一つは「ただ乗り」問題と呼ばれるものであり，一人の資金調達者についての情報は資金提供者の誰かが生産してくれれば，他の資金提供者は信用調査の費用を負担しなくてもその情報に乗っかればよいという問題がある。

　また，「重複生産」問題と呼ばれる問題があり，個々の資金提供者が同じ情報を何重にも調査の費用をかけて生産するという無駄も出てくる。このような問題を解決する仕組みとして銀行がある。銀行はその預金者に代わって資金調達者に関する情報を収集し，事前の審査（スクリーニング）や取引期間中，監視（モニタリング）を行う。そして，事後に資金調達者の業務内容等の監査（オーディティング）を行う。

　この業務は銀行がその銀行の個々の預金者を代表する形で情報生産を行っているわけであり，ただ乗り問題と重複生産の問題を解決しているといえ，この銀行の機能を「委託されたモニター」と呼ぶ。預金者が個々人で投資を行うために企業分析を行う場合に比べて大幅な費用の節約が可能となる。

（3）情報の非対称性と金融システム

　銀行中心の金融システムとは，銀行が資本市場と競合する機能を担っており，資本市場を介さない金融のウエイトが高い金融システムのことである。銀行中心の金融システムでは，情報の非対称性の問題について必ずしも十分でな

い情報開示制度の下で銀行の情報生産によって，この問題に対処して行く。

　情報の非対称性の問題を解決しやすい銀行中心の金融システムにはさまざまな特徴がある。まず，第一に銀行の情報生産へのインセンティブとして情報の独占，情報の内部化がある。生産された情報が他者に簡単に利用されては情報生産のメリットはないのであり，ただ乗りを防ぐために情報には秘匿化傾向が現れる。

　第二にリスク負担の集中がある。銀行中心の金融システムでは預金者が企業に直接投資するリスクが大きく軽減され，その代わり銀行にリスクが集中するようになっている。そのリスクには信用リスクだけでなく，預金者の預金期間は一般的に短期であり，企業の借入期間は一般的に長期，または短期借入の継続という期間のミスマッチ，つまり短期調達で長期運用を行うことについてのリスクもある。

　そうしたリスクを適切に引き受けた銀行は収益を得ることができる。しかし，そのリスクが大きすぎて不良債権となった時に銀行の自己資本で損失の処理ができなければ銀行は破綻する。そして経済全体を同時に覆う負のマクロ・ショックがあれば銀行システム全体が崩壊する。

　第三に取引関係の固定化がある。銀行のコミットメントの能力向上の裏側にはフレキシビリティーのメリットが犠牲にされている。銀行が貸出債権を保有し続けることは，貸出を行った後で明らかとなる事実への銀行の対応力が低下するという問題が生じる。貸出債権に市場性がない限り，銀行は過去の時点で行った融資審査の決定の結果を時間の経過とともに新たな状況が発生しても引き受け続けなければならず，過大なリスクを抱えることになる場合が多い。

　なお，メインバンク制のなかでメインバンクが貸出を行う多数の銀行を代表して情報生産を行うという形でも発揮されていた。メインバンクとは，先述の通り，「主要取引銀行」，「主力取引銀行」と呼ばれ，顧客が主たる取引を行う銀行をいう。企業取引では，複数の取引銀行のなかで最も多額の融資を受けたり，また密接な取引関係にある銀行を指す。メインバンク以外の取引銀行はメインバンクに沿った貸出行動をとる。

しかし，一方でこうした仕組みでは多面的に資金調達者の事業実施能力を見るということはなくなってしまうという問題点がある。メインバンクの少数の担当者の判断がすべての銀行からの資金提供の可否を決めるわけで，効率的な手法であるけれども情報生産が一面的な見方しかされないという弱点があり，革新性の高い新規事業のための資金調達には対応しにくい。

　こうした銀行中心の金融システムに対して市場中心の金融システムは，資本市場を介する金融のウエイトが高い金融システムのことであり，米国，英国等がこの金融システムであるとされる。

　その基本的な仕組みの要としては，先述の情報開示制度がある。市場中心の金融システムでは，証券の購入者の自己責任が重要視される。つまり，資金調達者に関する情報が広く公開され，誰もが情報に平等にアクセスでき，証券を購入するか否かが判断できるように情報制度が整備されなければ市場中心の金融システムは適切に機能しない。

　金融商品はどんな商品でも本質的にリスク，不確実性を含んでいるので，「質の保証」といった考え方はできない。金融商品取引法では，情報開示の制度を充実させ，金融商品のいわば「品質情報」を十分に提供し，投資家が判断・自己決定を十分できるようにという仕組みがとられている。これによって冷静に判断し，結果の責任は自分で負うことが「市場のルール」である。しかし，十分な情報提供があっても，これらを読み取り，理解して使う能力，金融リテラシーを考えると，金融商品を売る側と買う側には大きな格差がある場合がある。買い手が金融機関のプロの投資家ならその差は少ないが，一般市民のような投資のアマチュアの場合が問題となる。

　これに対処するために，法規制として「適合性の原則」と「説明義務」とがあり，また，情報提供にあたり，「断定的判断の提供禁止」がルール化されている。したがって，市場中心の金融システムに移行するには，国民の金融リテラシーの向上が社会の基盤として求められ，また，市場型間接金融としての投資信託等による仕組みによって一般市民の投資能力を補完することも求められる。

市場型間接金融とは，市場から直接資金を調達する直接金融と，金融機関など第三者を介した取引である間接金融の中間的な資金調達方法のことである。この市場型間接金融では，多くの投資家から集めた資金を金融仲介機関が運用し，利益の還元を図ったり，金融仲介機関が金融商品を市場に提供し，調達した資金を企業に供給する金融仲介の方式である。

しかし，この市場型間接金融での失敗がサブプライムローンの債権から組成した証券化商品であったのであり，リスクの内容を見えにくくするという面もあるとされている。

こうした情報開示制度等が未整備であると，資金提供者は資金提供先についての判断・評価ができないため資本市場への参加を躊躇する。情報開示制度は会計監査法人などの会計制度や証券取引等監視委員会，格付け会社，金融法務を担当する弁護士事務所，世界のさまざまな情報を瞬時に処理できる金融機関，金融関連メディア，そして国民の金融リテラシー等によってできており，こうしたさまざまな制度は「市場インフラ」と呼ばれる。

また，市場中心の金融システムにおける金融業者は資金提供者への情報伝達機能を発揮している。これは銀行中心の金融システムにおいて銀行が獲得した情報を独占しよう，秘匿化しようとするのと大きく異なる。

この市場中心の金融システムでは，市場で決定される株価や債券の価格が正確な情報を反映していることが必要であり，これは市場全体として一方向に偏った歪みを持っていないことが重要となる。こうした価格が正確な情報を反映する時には，金融商品の価格はファンダメンタル価値と呼ばれる金融商品がその保有者に現在から将来にわたってもたらす支払の現在価値の合計に等しく決まることがある。そして，実際の価格がそこから乖離している場合，ミスプライスが存在するという。

ミスプライスが発生しやすい状況としては投資の対象が，極めて新しい技術やそれまでなかったアイデアに基づくものであり，資金提供者は過去の経験に基づいてその投資対象を適切に判断することが難しいケースがある。銀行中心のシステムから市場中心のシステムに移行してもこうした問題は残る。

また，経済が成長して行くと求められる金融システムも変化して行くとされている。発展途上国では，いまだその国に活用されていない既存技術の大きな蓄積がある。この時，こうした国では既存技術を基に資本蓄積をする成長が最適となり，先進国を「模倣」した量的拡大が主たる経済成長の要因となる。しかし，成長が続けば既存技術の取り尽くしによって投資の収益性は落ちて行く。そこで研究開発活動による「革新」を目指す事業の収益性が相対的に高まり，資金をこうした革新的事業投資に向けることが望ましくなる。

　これは成長エンジンの転換，事業機会の質的変化であり，これが経済成長を続ける上で不可欠となる。事業投資には模倣的な事業への投資と革新的な事業への投資があるとされ，その資金調達にはそれぞれに適した金融システムも異なるといわれている。銀行中心の金融システムは，「いまだ資金が希少である一方，有望な投資機会がはっきり見えている」状況で，銀行の情報生産機能を活かして有効に機能する。発展途上国では市場インフラの整備は十分ではなく，市場メカニズムが情報の非対称性の問題を解決できない時に銀行は比較的こうした問題を解決できると言える。発展途上国では企業に対する情報生産は企業の持つ技術・技能に関する事前的な審査よりも，企業の経営資源や財務内容を審査し，導入された技術や技能をいかに効率的に活用しているかをモニタリングすることが重要となる。こうしたモニタリングは株式市場，債券市場よりも銀行の方が優れた情報生産ができると考えられている。

　しかし，模倣による成長の時代が終わると，銀行にとって情報生産が容易な伝統的資金調達者は資金需要が減ることになる。また，こうした伝統的資金調達者は成長の過程で内部留保を蓄え，資金需要が減少することになりがちである。一方，経済成長は家計部門に大量の余剰資金を蓄積するので模倣による成長の時代が終わった国の銀行中心の金融システムは，資金は豊富だが投資機会が見えない状態となりがちである。わが国の1980年代以降の経済は成熟化し，現代はこうした状況にあるのではないかといわれている。

　模倣による成長が終わった後の経済成長のためには，革新的な事業への資金提供ができるかが課題となる。先述の通り，革新的な事業の有望さやその成否

は銀行のような立場からの判断は容易ではない。最先端の技術は銀行の審査担当者にとって未知の部分が多いと言える。したがってその優劣はむしろ多様な参加者から構成される公開市場を通じて，多角的な観点からチェックして行く方が効率的な場合がある。また，社会全体のリスク分散の点からも銀行貸出による資金提供より，証券市場による方が幅広い投資家によるリスクシェアリングが可能となり好ましいと言われている。もっとも，先述のサブプライムローン問題のようにその証券化商品を世界の金融機関が購入し，そのためリスクが世界に拡散して米国発の世界金融危機が起こることもある。

　市場中心の金融システムは，試行錯誤を可能とする。最先端の革新的な事業は過去のデータがなくその成否は先述の通り，「実際にやってみなければわからない」，といった性質を持つ。そうした事業への資金提供はやってみてうまくいかなければそこから撤退する機動性が必要であり，この機動性がないと資金提供において躊躇が生じる。この点では銀行中心の金融システムは機動性のある金融システムとは言えない。例えば事業の失敗の可能性が大きくなっても銀行は追加融資を行い，資金回収の可能性を残すことを目指す傾向がある。

　これに対して市場中心の金融システムによる資金は「逃げ足の速い資金」といわれる。その事業が有望でない可能性がわかった時，そこに資金を追加提供する動機はほとんどない。市場中心の金融システムでは資金提供者がリスクを引き受けるので，不安があれば資金は転売によって現金化される。市場中心の金融システムは，この容易に現金化できるという明確な出口を用意し，入り口での躊躇を軽減するというメリットを持っている。このため試行錯誤が必要な革新的な事業への資金供給は，銀行中心の金融システムより市場中心の金融システムの方が適しているといわれている。

　しかし，市場中心の金融システムは豊富な投資に適した資金の存在は当然として，市場の透明性確保のための財務情報，リスク情報，ガバナンス情報等について情報開示制度等さまざまな市場インフラが必要であることに注意が必要であろう。

3．わが国の銀行の概要

（1）大手金融グループ

　大手の銀行は金融コングロマリットとなっている。金融コングロマリットとは，一般に「銀行，証券および保険の少なくとも2つを包括するような広範囲の金融サービスを提供する企業グループ」のことを指す。

　大手の銀行は様々な合併と統合を経て，三井住友銀行は2002年に三井住友フィナンシャル・グループを設立し，2003年にみずほフィナンシャル・グループが設立され，その後，2005年に三菱UFJフィナンシャル・グループができた。これにより金融持株会社による3メガバンク体制ができ上がった。金融持ち株会社とは，1つまたは複数の銀行，証券，保険その他非銀行子会社を傘下におさめることを目的として設立された持ち株会社である。これらの3つの大手金融グループはいずれも証券会社をグループに持っている。これにより，銀行と証券を分離する第二次世界大戦後の米国の銀行システムの方式を取り入れ，金融行政の柱の一つであったいわゆる銀証分離の金融行政も見直しが求められている。

　低金利の時代が続き，また，企業の資金需要が伸びないことから国内貸出からの収益が減少傾向にあったため，大手金融グループは国際業務を拡大している。実際，三井住友フィナンシャル・グループは，10年間（2009年度〜2019年度）で海外関連業務粗利益が2倍になっている。

　また，みずほ銀行は2023年度末までに事務職の従業員のうち約3割の3千人程度を資産運用の相談を受け持つ営業に再配置する計画を発表している。定型的な業務をデジタル化し，店舗の事務量を大幅に減らして配置転換の実現を目指している。先述の米国FPの選別理由にあったように，運用成績よりも対人的コミュニケーションが重視されている点はこうした方針にも影響しているのではないか。

　一方，三井住友銀行は，2023年からの金利の上昇によって国内の貸出業務の増加に備えて，振込手数料を引き下げるなど預金獲得に戦略を転換するとしている。

（2）地域銀行

　地域を基盤とする銀行には地方銀行と第二地方銀行協会加盟行，いわゆる第二地銀がある。第二地銀とは旧相互銀行から1989年以降に普通銀行に転換した銀行を指す。地方銀行は戦前の大蔵省の1県1行主義による銀行統合を経て設立された銀行が大半である。

　地方銀行や第二地銀は，営業基盤が県，市町村など一定の地域に限られている。しかし，法的にはこうした限定はなく，都市銀行とともに全国銀行と呼ばれているが，実際の営業の状況は一定の地域に強固な基盤を持っている。

　地域銀行は地元の中小企業と個人に対する貸出が多く，中小企業向けの貸出比率は43.0％，個人向けは27.8％となっている（地銀協調べ（2023年））。地域銀行，特に地方銀行は比較的安定した営業基盤を持っており，第二地銀も地域のなかに根ざした経営を行っているが経営の状態は厳しいところもあり，従来の地域基盤を超えて広域的な提携や銀行持株会社によるグループ化への動きがある。地方経済の活性化が求められるなか，再編は一つの地域銀行の経営の選択肢とされている。

　もっとも，わが国はオーバー・バンキングの状態にあるとされており，その背景にオーバー・デポジット，つまり預金が多すぎることがあるのでこの状況が続く限り貸出競争は変わらず，貸出の利鞘は改善しないという見方もある。

　近年，地方銀行の貸出金が増えており，2024年3月末時点では地銀99行で312兆円と前年比3.3％増えた（全国銀行協会調べ（2024年））。

　また，昨年からの金利の上昇によって預貸金業務からの収益の増大が見込まれている。

（3）信託銀行

　「信託」とは，委託者が受託者に金銭，有価証券，動産，不動産などの財産権を引き渡し，一定の目的に従って特定の受益者のために受託者がその財産を管理・処分を行う仕組みをいう。この業務は主に信託銀行によって行われているが，現在では地方銀行も信託業務を扱えるようになっている。信託銀行とは，

一般には「普通銀行の信託業務に関する法律」により信託業務を営む銀行のことである。

大手の信託銀行としては，2011年に三井住友トラスト・ホールディングスが中央三井トラスト・ホールディングスと住友信託銀行によって設立され，2012年4月には三井住友信託銀行をグループ内に持った。

信託銀行等の受託する財産は金銭の信託と金銭以外の信託に大別される。金銭の信託には投資信託，年金信託などがある。また，金銭以外の信託としては土地信託などがある。

信託の機能からみると，金銭信託のように貯蓄性の資金を受託し，これを企業に融資するなどの金融機能と，土地信託などのように財産の管理・運用を行う財産管理機能に分けることができ，「信託は財産の安全地帯」という言葉もある。

高齢化社会に対応した信託として「後見制度支援信託」がある。これは成年後見制度において高額な資産を保有している高齢者がその資金を信託銀行に信託し，生活費や老人ホームに入所するなど資金が必要になった時に，家庭裁判所の指示を経て信託銀行の口座から引き出すというサービスである。

また，三菱UFJ信託銀行の「おひとりさまライフサービス」は信託機能を活用して高齢の単独世帯が抱える財産管理・財産承継・日常生活の見守り・死後事務の問題を支援するパッケージ商品となっている。

（4）協同組織金融機関

協同組織金融機関とは，会員または組合員の相互扶助を基本理念とする非営利法人として，中小企業，零細企業，勤労者および農林漁業者等への金融を行う金融機関を指す。協同組織金融機関は非営利法人であるため，株式会社組織の銀行とは異なり，税制面等での優遇措置が取られている。しかし，一方で取引対象者，営業地域，そして業務の範囲について一定の制限が課されている。

信用金庫は信用金庫法に基づき設立され，中小企業の経営者または勤労者を会員とする。信用金庫の中央機関としては，全国信用金庫連合会が改組されて

できた信金中央金庫がある。信用金庫は合併が進み，その数は254（2024年3月時点）となっている。合併の結果，大規模な信用金庫も増えこうした信用金庫はメガ信金と呼ばれることもある。しかし，信用金庫の特徴は狭域高密着型の営業であり，合併すればこうした経営は難しくなる面もある。信用金庫は預金に対する貸出の比率である預貸比率が低下しており，5割程度となっている。その一方で有価証券投資は増大し，その残存期間は長期化しており，資産運用能力の高度化が課題となっている。

　信用組合は中小企業等協同組合法に基づいて設立されており，金融事業に関しては協同組合による金融事業に関する法律により定められている。組合員の対象別としては，一定地域内の小規模零細事業者や住民を組合員とする地域信用組合，特定業種の関係者を組合員とする業域信用組合，そして同じ職場に勤務する人たちを組合員とする職域信用組合などがある。中央機関としては全国信用組合連合会がある。信用組合も合併が進んでおり，その数は減少傾向にある（2024年3月時点で143組合）。

　しかし，米国では約4,600のコミュニティバンクがあり，中小企業向け貸出の36％，農業向け貸出70％はコミュニティバンクによって行われている（米国FDIC調べ（2024年7月））。その理由はリレーションシップを尊重する貸出業務を行ったからであり，上位行の大型化に伴って小企業に関心が払われなくなった領域で営業を行ったことにあるとされている。

　先述の通り，情報の非対称性が大きい中小企業向けの貸出は小規模の金融機関に優位性があるといえ，中小企業の法人取引について協同組織金融機関のような小規模の金融機関が主たる担い手となる可能性がある。

　農林水産金融機関としては，農業，漁業等の従事者を会員とする協同組織で農業協同組合，漁業協同組合がある。上部組織としては，県単位の信用農業協同組合連合会，信用漁業協同組合連合会，そして全国規模の農林中央金庫があり，これらを系統金融機関と呼ぶことが慣習となっている。この系統金融機関は，近年では従来の3層構造から2層構造になる組織再編が進められている。

　農業協同組合は一般にはJAと呼ばれているが，JAバンクは全国に民間最

大級の店舗網（約6,200店舗（2024年3月時点））を展開しているJAバンク会員（JA・信連・農林中金）で構成するグループを指す。JAバンクは全国の農業協同組合がJAバンクシステムという組織で連携し，全体で一つの民間金融機関と見ることもできる。JA貯金の残高は108兆円（2024年3月時点）であり，メガバンクに次ぐ資金量となっている。

4．銀行の個人取引

（1）資産運用取引

かつては預金取引が主体であった個人の銀行取引は，現在では投資信託，年金保険といった金融商品の販売が大きな分野となったことから資産運用取引と呼ばれている。

しかし，個人はその5割以上の金融資産を預貯金で運用している。これは欧米諸国と比較しても多すぎる割合といわれる。日本は若年層から高齢層まで全世代で，リスク回避的であり，株式，債券，投資信託等のリスク資産を避けているためと考えられている。

しかし，高齢化が進むわが国では引退期に入った人々は預金を取り崩すようになる。個人が引退期に備えて現役時代に貯蓄を備えることはライフサイクル仮説という個人の貯蓄行動を説明する理論でも説明できる。

F. モディリアーニのライフサイクル仮説とは，人々は一生の消費額を一生涯で使えるお金と等しくするように毎年の消費量を決めるという消費理論である。この仮説に従うと，高齢化比率が高まるにつれて経済全体の平均消費性向は高まるとされるが，わが国の高齢者は長生きによる貧困化を恐れて貯蓄を積み増す傾向もあり，消費は拡大していない。

しかし，銀行預金は基本的には1年定期預金のような短期での運用であり，引退期への備えには向かない金融商品である。引退期に備えるのであれば長期での運用が有効であり，投資信託のように分散投資でリスクを低減しながら資本市場を活用する金融商品での運用が適切といえる。

内外の株式，債券への分散投資を組み合わせて長期運用を行うと，1年定期

預金を継続して運用するよりも高い収益性が得られ，また，リスクが減少する傾向があり，これは現代ポートフォリオ理論等で確認されている。資産運用において価格変動リスクを抑えながら一定のリターンを期待するには，ポートフォリオとして多数の銘柄や複数の資産に分散投資を行うのが有効であり，ポートフォリオ全体の価格変動リスクは，組み入れ銘柄の個々の価格変動リスクおよびその組み入れ比率に加え，資産間の値動きの連動性を表す相関係数で決まる。

例えば，国内株式と外国債券への2資産による分散投資を長期に行うと，図3－4のようにリターンは全額を外国債券で運用した時より高く，リスクは小さい運用も可能となる。

そこで預貯金のうち，数十年先の高齢期に使用が予想される部分の一部をリスク資産での運用にシフトすることが求められる。その際，市場型間接金融の商品であって分散投資を行う投資信託が，個人が資本市場に参加する場合の金融商品としては適切であるとされている。先述の通り市場型間接金融では，多くの投資家から集めた資金を金融仲介機関が運用し，その運用益を投資家に還元する仕組みとなっており，個人の金融リテラシーの不足を補うことができる。銀行は1998年から投資信託の販売を開始し，公募株式投信の純資産総額

図3－4　分散投資のリスクとリターン

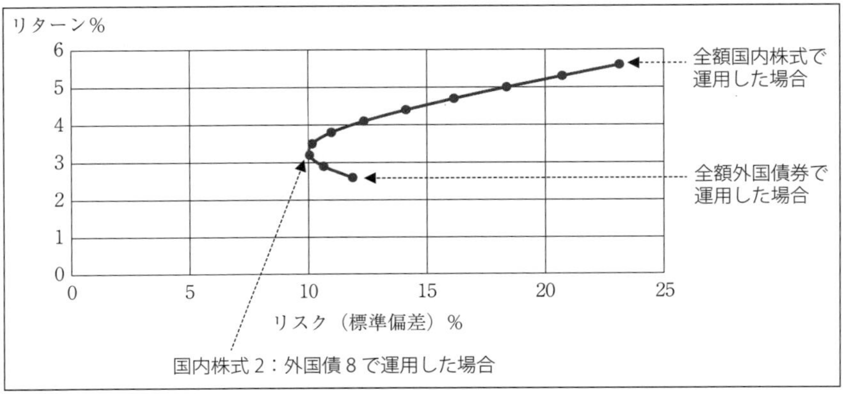

資料：年金積立金管理運用独立行政法人「基本ポートフォリオの前提条件」

に占める銀行等の販売残高シェアは20.9％（2024年4月末）となっている。

　しかし，先述のように2022年以降の物価上昇が起こり，金利の上昇が見込まれることとなり，銀行は再び個人預金の吸収に力点をおくようになりつつある。

（2）住宅ローン
　わが国の住宅ローンの残高は，221兆円（2024年3月時点）であり，バブル経済のピークであった1990年3月末時点の107兆円から倍増している。
　わが国の住宅ローンの特徴は団体信用生命保険により住宅ローンの債務者が亡くなった場合，その死亡保険金で残っている住宅ローンの債務を返済する仕組みとなっていることである。
　これにより借入人が死亡しても住宅は相続人のものになる。一方，健康上の理由で団体信用生命保険に加入できなければ住宅ローンの借り入れはできない。ただし，民間金融機関と住宅金融支援機構の連携でできている最長35年の全期間固定金利の住宅ローンである「フラット35」は，この団体信用生命保険に加入しなくても借入ができる。しかし，返済ができなくなった場合に備えて，別途生命保険に加入しておくべきである。また，団体信用生命保険にも健康状態に問題がある人でも入りやすい引き受け基準緩和型保険の「ワイド団信」もあるので，これを利用できる場合もある。
　米国では住宅ローンはノンリコース・ローンとなっている。「ノンリコース」とは，その資産以外に債権の取立てが及ばない（非遡及である）という意味であり，借入人が返済できない場合，ローンの対象となった住宅を手放せばローン債務がなくなる。そのため，住宅ローンを借りるために生命保険に入る必要はない。しかし，リーマン・ショックの原因となったサブ・プライムローン問題の発生から，ノンリコース・ローンは安易な借り手を作り出す傾向もあるともいわれる。
　一般的に住宅ローンの借り入れにおいては，まず，頭金（手持ち資金）をできるだけ多く準備することが重要である。住宅ローンの頭金は購入金額の

20％が頭金の目安となる。また，住宅購入にかかる諸費用は住宅購入価格の5％程度が目安となるので，諸費用も含めると，住宅価格の25％程度を住宅ローンの頭金として準備しておきたい。先述の「フラット35」の利用者の頭金の額は購入金額の12.7％となっている（住宅金融支援公庫調べ。2024年）。頭金が多いほど返済が滞る確率が減少する傾向にあるため，住宅ローンの審査も通りやすくなり，適用される金利も安くなる傾向がある。

住宅ローンの審査は担保と顧客属性の2つの観点から行われ，それはさらに細かく分類されるのであるが，借入人の属性としては，かつては勤務年数を最も重視していた。これは，先述の通り，わが国では転職が困難であり，転職できた場合も年収が低下する場合が多いからである。上場企業でも勤務年数が短いと審査に落ちる場合もある。最近ではより細かく担保と顧客属性を組み合わせて検討している。

金利については変動金利型と固定金利型，そしてこの両方をミックスできる銀行もある。日本銀行の金融政策の変更から，今後は金利上昇の可能性が大きいので固定金利型とする借り入れが増大している。かつては住宅ローンの利用者の7割程度が変動金利型を利用していたが，経済情勢の変化に対応した動きが起こっている。

なお，首都圏のマンションの価格等についてであるが，フラット35利用者の平均購入価格は5,801万円，世帯年収は944万円で，年収倍率は7.7倍である。また，手持ち金は1,397万円であり，平均年齢46.4歳（住宅金融支援機構調べ（2024年））となっている。

Ⅳ　重要性が高まる金融リテラシー

1．年金と資産運用

わが国の公的年金の持続可能性は，今後における人口動態，実質経済成長率の高低，現行制度を不変のまま維持するか否か，そして個人の選択として何歳まで就業し，公的年金を何歳から受給しはじめるのかに左右される。

しかし，長寿化が進行していくなかでも，現在の若年層は65歳超まで働きつづけることにより，現在の高齢者が受給している年金水準と同程度の公的年金給付を受給することができるとされ，ワーク・ロンガー（work longer）は年金問題を解決するための切り札とされている。2019年の年金財政検証を踏まえると，20歳の世代は現行制度が変わらなくても66歳9ヵ月まで就業を継続し，かつ，繰り下げ受給を選択すれば，2019年度に65歳となった世代と同一の年金水準を確保することができると試算されている。なお，2024年7月の年金財政検証では，女性と高齢者の労働参加等で将来の見通しは，2019年に比べて改善している。

公的年金の繰り下げ受給の効果は3年の繰り下げで約25％の増額となる。現在（2024年度）のモデル世帯の年金額は月235千円であるから，この25％相当額は概ね月6万円程度となる。老後2,000万円問題での毎月の不足額が約5.5万円であるから，3年の繰り下げ受給は老後2,000万円問題についての対処策となるが，その3年間の生活費のために受給相当額の金融資産取り崩しか，ワーク・ロンガーによる収入が必要となる。

ワーク・ロンガーができても収入は若い時代よりは低下するであろうから，取り崩せる金融資産が必要となる。そのために若い時から始める長期の株式・債券への積立投資がある。個人型確定拠出年金（iDeCo），新NISAのつみたて投資枠を適切に活用すれば，公的年金の繰り下げ受給を可能とするための金融資産を非課税で，より小さいリスクでより高いリターンを得ながら準備することは可能である。

なお，マクロ的にみれば，わが国と同じように銀行が金融制度の中心となっているドイツは個人金融資産の42.8％を預貯金で運用している。これは日本の54.1％と米国の13.4％と比較すると，日本に近い（OECD調べ（2022年））。リスク資産（株式・債券・投資信託）への投資は，金融市場が銀行中心であり，労働市場が長期雇用中心であって，わが国と似ているドイツ並みの個人金融資産の約27％（日本は約19％）をリスク資産で運用することを考えたい。

しかし，そのためには，先述の金利，株式，そして債券の価格変動や為替相

場の変動についての知識，分散投資や生活設計のためのファイナンシャル・プランニングなどさまざまな金融リテラシーが必要となる。

　寿命が短く，公的年金，企業年金の制度が充実し，預金金利が高い時代なら資産運用は銀行預金で十分であった。しかし，寿命が長くなり，公的年金は支給額が低減し，企業年金は自分で運用の内容を決める確定拠出型年金が増えている現在，金融リテラシーが低いことは大きな問題となる。

　現在は，高校生には投資信託を含めた投資教育が行われており，図3－5のような資料で分散投資の対象である内外の債券，株式の価格変動幅についての知識付与が行われている。

　この図のデータは，次の表3－1の公的年金の運用を決定した時の数値を使用している。

　資産運用の金融リテラシーとして重要なことはリスク面であるが，そのためにはリスクの指標としてのこの表で使用されている標準偏差等の知識が重要と

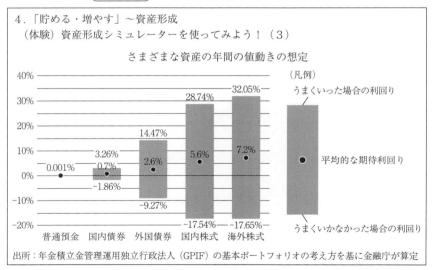

図3－5　さまざまな資産の年間の値動きの想定

出所：金融庁「高校向け　金融経済教育指導教材」第4章「貯める・増やす」
　　　https://www.fsa.go.jp/news/r3/sonota/20220317/20220317.html

表3－1 公的年金の前提条件

	短期金利	国内債券	外国債券	国内株式	外国株式
期待リターン	0.60%	0.70%	2.60%	5.60%	7.20%
標準偏差	―	2.56%	11.87%	23.14%	24.85%

資料：年金積立金管理運用独立行政法人「基本ポートフォリオの考え方」

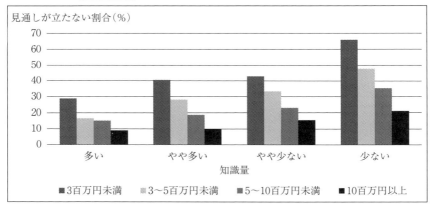

図3－6 知識量と高齢期の生計の見通し（貯蓄額別）

資料：古賀祥子「知識量が鍵を握る高齢期の生活設計」三菱UFJリサーチ＆コンサルティングホームページ

なる。これも現在では高校の数学Ⅰの「データの分析」で学習しており、2024年1月に実施された大学入学共通テストでは、標準偏差のデータが与えられて解く問題が出題されている。

　高齢期のお金や制度に関する知識量との関係をみると、貯蓄額に関わらず、知識量が多い人ほど将来の生計について、賄える、という見通しを持つ割合が高くなる。図3－6のように知識量の多い高齢者は、少ない高齢者より生計の見通しが立たない人の割合が半分程度となっている。

　ここでいう知識とは「人生100年時代について」、「健康寿命」、「公的年金が終身年金であること」、「公的年金の繰り下げ受給」、「医療保険の高額療養費制度」の5点の知識の理解度を使用している。

やや古いデータであるが，金融広報中央委員会の調査（2016年）では，50代の公的年金に関する理解についてみると，受け取れる金額を認識している人は4割，被保険者としての種類や年金受給の必要加入期間を認識している人は5割であった。また，公的年金の受け取れる金額を認識している人の割合を年齢層別にみると，40代は19.7％，50代は40.3％，60代は71.3％であった。

この調査からは，①老後資金を貯めるうえで重要な時期である40代では老後の主要収入源の金額を8割の人は把握していない，②老齢年金の見込額が記載された「ねんきん定期便」を受け取っている50代でも6割の人は年金の金額を把握していない，③60代で年金を受給して初めて金額を認識する人が多い（年金を受給していても，金額を認識していない人も相応にみられる），といった状況も明らかとなっている。

少子高齢化による公的年金の受給額の減少傾向，グローバル化による製造業を中心にした雇用の減少と低賃金化，そしてデジタル化による雇用の減少等による所得の伸び悩みにより，一部の人々が高齢期に貧困化するリスクは小さくない。先述のみずほ銀行が3千人の資産運用相談の担当者を配置転換で捻出し，新規の採用を行わず，全体として人員削減効果を得ようとしていることはデジタル化による雇用の減少の例といえる。もっとも，これは少子化による人手不足経済への対処能力を示す例でもあり，表裏の関係にある。

70歳以上高齢者世帯の世帯収入の平均は391.2万円（厚生労働省調べ。2022年）であるから，この水準を維持するために年金の支給額をできるだけ減らさない努力は国として当然必要である。しかし，たとえ金銭を支給しても知識の少ない人々は貧困化するリスクが相対的に高く，所得面での支援だけでは貧困化は防げないのであり，知識付与による人々の行動変容も必要である。

企業丸抱えの高齢期を過ごせるのは元大企業正社員の世帯だけになりつつあり，その大企業の多くは米国の制度を取り入れて，企業年金の運用のリスクを従業員が負担する確定拠出型の企業年金の制度を取り入れている。従業員数1万人以上の企業で従来型の確定給付型だけの企業年金としているのはわずか6％である（三井住友信託銀行調べ（2022年））。そのため，大企業の社員も高齢期

に備えるために自己責任での資産運用が可能となる知識が求められている。

　投資については先述の通り標準偏差がリスクの指標であるが，リスク調整後の収益性の指標としてシャープ・レシオがある。この指標はFP技能検定試験でよく問われる知識である。また，このシャープ・レシオは，大手金融機関等では投資信託商品の特徴やメリットを説明するためにこの指標をホームページで使用している。

　先述の標準偏差の知識があれば，投資の損失管理が可能となる。例えば最大の年間損失額を想定しておくには，「−2」標準偏差で十分といわれている。実際にはもっと厳しく考える必要があるが，これは1年間の値であるので価格下落が始まってから運用を停止する等の対処のための時間があるからである。

　この「−2」標準偏差より悪化するケースは2.3％の確率で起こる。これが例えば外科手術のリスク説明で，2.3％で重い後遺症が残ります等と説明されればおそらく受け入れがたいリスクとなる。しかし，資産運用の場合，1年間で起こる下落幅であるので，先述の通り，その間に運用額を減らすことで損失額を減らすことができると考えれば受け入れることができるリスクであろう。

　例えば公的年金の資産運用の内容である内外の株式と債券の4資産に均等に分散投資を行った場合，その標準偏差は年率12.32％と想定されているので，「−2」標準偏差の価格下落幅は年間約25％となる。つまり，公的年金の運用と同様の運用を行っている場合，○○ショックというような事態が発生すれば，1年間での下落幅は約25％と予想できるので，価格が回復するまで待てる金額まで運用額を減らすことになる。現在の公的年金の運用残高は246兆円（2024年3月末時点）であるので，最近の株式市場や為替市場の急激な変動をさらに大きくした○○ショックのようなことが起これば，1年間にその25％にあたる62兆円の損失が発生することがあるといえる。

　この知識を個人の資産運用に当てはめるなら，年間の損失許容額を100万円とすると，公的年金と同様の資産運用の可能額は400万円と算定できる。なお，過去のデータによると公的年金と同様の内外債券・株式に均等に投資して5年間保有した場合の元本割れの確率は8.8％，保有期間10年の場合は0％という

試算もある（大和証券調べ（2020年））。

 2022年4月から成人年齢が18歳に引き下げられ，また2024年1月の新NISAでつみたて投資枠が拡大され，永久化されたことを踏まえて，今後の大学入学共通テストで，資産運用を題材とした問題が出題されれば投資教育としての効果は大きいだろう。

 こうしてみると，若い世代の投資教育の困難度は低いと考えられる。一方，投資に活用できる基礎的な数学を学んでいない中高年層へのリスク面での教育が大きな課題となる。

2．金融教育とナッジ

 金融について関心のある分野を問う高齢者へのアンケートでは，5%以上の人が選択した分野に，「投資と貯蓄」，「税金」，「資金管理」，「社会保険」，「将来設計」，「リスクと保険」がある。また，すべての国民生活に直結する税金や社会保険にも関心が高いとされている。

 つまり，高齢者はある特定の分野のみに金融教育ニーズがある訳ではなく，複数の分野に跨っている傾向がある。そのため高齢者の金融教育ニーズを満たすには単一の特定分野に対する金融教育を実施するだけでは不十分であり，横断的に複数の分野に跨いだ総合的な金融教育を行う必要がある。

 また，金融リテラシーのレベルを上げるためには金融教育を提供する対象・期間・内容などに留意することが重要である。例えば女性，若者，低学歴，低所得の人々の金融リテラシーが特に低いため，そのような人々をターゲットにした金融教育の提供が重要とされている。この点から高齢者には寿命の長い女性，時代的に大学進学率が低かったことによる低学歴，企業年金がなく，公的年金が収入のほとんどである低所得の人々も多く，こうした高齢者への金融教育は喫緊の課題であろう。

 なお，若い世代も含めた全世代に対して，全国銀行協会は「資産形成に資する金融経済教育」とは，「しっかりした生活設計のうえ，ライフサイクルの各段階における資産形成の必要性を把握し，適時適切に金融機関等のサービスを

活用しながら，安定性に配慮した適度なリスクテイクを行いつつそれを達成するという，主体的な資産形成のために必要な知識や態度を養う教育」と捉えることもできるとしている。

　つまり，①人生の比較的早い段階で生活設計をしっかり立てられること，②いわゆる長期・分散・積立投資のメリットを理解すること，③単なる知識に留まらず，態度として実践する意欲・動機を持つことの3点になるとしている。

　海外における金融教育の課題と行動経済学への関心の高まり，2008年のリーマン・ショックを契機として，消費者の金融リテラシー向上の必要性が改めて認識され，多くの国々において国家戦略の策定をはじめとした金融教育の強化が進められている。

　英国では2000年度からナショナル・カリキュラム（わが国の学習指導要領に相当）を導入している。2008年度のナショナル・カリキュラムの改訂では，総合学習科目である「経済的福祉と金融能力」という分野が新設され，金融経済教育の位置付けが向上した。そして，2013年度のナショナル・カリキュラムの改訂では金融経済教育が中等教育の数学と公民における必修項目に指定されたほか，数学が金融リテラシーに必要であると規定され，「金融における利率」等の金融の問題が数学で学ばれることとなり，継続的に公的カリキュラムにおいて金融教育の充実が図られている。

　米国においては2008年のリーマン・ショック後，金融経済教育に対して金融システムの安定化への貢献も期待されるようになった。リーマン・ショック後の状況の認識としては，金融環境の面については，金融市場で提供される商品およびサービスの幅広さおよび多様性が増大していることから，金融に係る選択はますます複雑になっているとする。また，消費者の行動面を見てもリーマン・ショックから立ち直った後も，多くの国民が収入よりも多く支出してコストの高い行動をとり，緊急時のための備えを欠いていることに加え，長期的なファイナンシャルプランを持っていないとしている。また，金融教育の普及に関しては，2015年時点で金融教育の機会を提供されたことがある成人の割合は3分の1以下であり，実際に金融教育を受けた経験があるのは5人に1人

となっている。

　なお，金融リテラシー調査の正答率を日米で比較すると，日本の正答率47％に対して米国は50％と，米国が上回っているものの，その差は大きくない。しかし，金融知識に自信がある人の割合は日本が12％に対して米国が71％と大きな差がある。つまり，日本人は金融知識の水準に比べ，金融知識の自己評価が低いことが特徴となっている（日本証券業協会調べ（2023年））。日本人は金融知識と判断力はあるが，投資を実行する能力が低いと考えられる。

　金融危機以降の金融教育の進展は，量的な拡大のみならず，教育効果の向上などの質的な面にも及んでいる。なかでも近年著しい発展を遂げつつある行動経済学に基づいて消費者の金融行動を見直し，そこから得られる知見を金融教育の効果向上に役立てようとする動きが海外では活発化しつつある。これは具体的にはナッジ（Nudge）という考え方である。ナッジ（Nudge）とは，行動経済学で使用される用語で人々にきっかけを与えることでよりよい行動を促す手法のことを表す。そして，金融教育に代えてナッジで行動変容を目指す立場もある。

　例えば，英国のNEST（National Employment Savings Trust：国家雇用貯蓄信託）では最初の5年程度を基礎フェーズとし，リスクを小さくした投資期間として退職日ファンドをデフォルトファンド（初期設定ファンド）とした。これにより意思表示をしない場合は自動的にデフォルトファンドが選択される。この効果により90％以上の加入者が「退職日ファンド」と呼ばれるデフォルトファンドを選択している。

　行動経済学では横並び・近視眼・損失回避・自信過剰といった行動バイアスが人々の金融リテラシーを引き下げているとされる。従来の金融教育では，消費者は必要な情報・知識さえあれば自らの意思によってニーズに見合った合理的な意思決定や行動ができるということを暗黙の前提としていたが，その前提がそもそも間違っていた可能性があることが指摘されている。これからの金融教育においては，教育を受ける人々が自らの意思決定において行動バイアスがあることを認識することが重要であろう。

先述の英国のように現状維持バイアスを利用した確定拠出型年金における望ましい投資対象をデフォルト（初期設定）とするようなナッジの考え方を指定運用方法としたい。指定運用方法は，確定拠出年金の加入者が掛金を配分する運用商品を指定していない場合に，運用商品の指定が行われるまでの間，掛金の配分先となる運用商品を企業が指定する制度のことである。現状は，元本確保型の商品が指定されている場合が多く，現代ポートフォリオ理論が活用されているとはいえない。また，指定運用商品の制度を活用していない企業も多い。

　株式投資は余裕資金で，といわれたのは過去の話である。低成長となった社会では，個人の資産形成のために株式投資を部分的に取り入れることが必要となっているが，その運用は慎重でなくてはならない。投資の収益はそのベースが金利水準にあり，その金利は経済成長率とリンクしている。そのため，低成長時代での投資は高度成長時代で高金利時代の投資より慎重になる必要がある。

　しかし，一般的な個人には投資の経験，知識が十分な人は少ない。そうした場合，まず，資産運用の専門家の運用をモデルとして学びたいものである。例えば公的年金の運用のコピーをすることが有効である。そうして模倣による運用の経験を積みながら，知識を増やすべきではないだろうか。

　また，無論，金融教育との併用は重要であり，消費者が行動改善を先送りせずに着実に実践していくための第一のポイントは，学習から間をおかずに行動改善に向けた努力を開始することである。その一つは金融教育の終了後，先送りする猶予を与えないタイミングで行動改善を始められるように工夫することといわれている。

　ただし，こうした手法の問題点としては，主催者がセミナー参加者に特定の金融機関や金融商品を奨励したりすることに繋がらないように慎重な配慮が求められる。ナッジの悪用は避けなくてはならない。

　市場機能を活用した資産運用のためには，先述の経済成長率と金利，金利と株式投資の収益性等の基本を理解して使いこなせる金融リテラシーが必要となっており，そうした社会的な基盤の構築が急がれる。

Column 3　WPPと個人年金保険

　個人年金保険は，あらかじめ定めた年金受取期間中に被保険者の生死にかかわりなく年金が支払われる確定年金のタイプが主流である。

　しかし，こうした年金商品は配当金を除けば予定利率で収益性が確定するので一般的にインフレに対して強い商品といわれていない。そこで変額保険の一つである変額年金保険がインフレへの対処策となる。株式・債券で年金の原資となる保険料を運用すれば長期的にはインフレに負けることはないので，わが国がデフレの時代から脱却しつつあることを考えると変額年金保険は適切な商品といえるだろう。

　なお，人気が高い外貨建ての場合は運用の利率は高いが，為替変動のリスクがあり，たとえ当該通貨が高金利であっても長期的にはその通貨価値は下がる傾向があるため，高金利のメリットがそのまま実現することは少ないとされている。

　そもそも，本文で述べたように現在のような低金利の時代に保険に貯蓄性を求めることは不適切であり，長期金利がせめて3～4%はないと魅力的な貯蓄商品は作れないというのが世界の生命保険会社の共通した意見とされている。

　ただし，変額年金保険は「保険の衣を着た投資信託」と言われ，その実態は資産運用商品であるので株式，債券，為替相場の知識がなければ購入は難しい。そして，この商品は保険関係等のコストがかかる点が問題となるので，できるだけシンプルでコストの安価な商品を選びたい。

　この個人年金保険は老後の不安を感じる人が多く加入するといわれている。現在の高齢者は比較的恵まれた公的年金を受け取っているが，将来はそうではないという予測も立てられており，こうした将来への不安が人々を個人年金保険の購入へと向かわせる。

　個人年金保険料を所得から控除する制度は1984年に創設されており，当時から保険を活用した長期的な貯蓄による自助努力，公的な保障の補完を促されていた。

　マイナス金利の政策がとられていた時代には予定利率の低い商品しか作れず，販売そのものも困難な状況であったが，長期金利が1%を超えてさらに上昇が見込まれるようになり，再び注目される商品となっている。

　ところで，2023年度から公的年金は75歳まで繰り下げて受給できるようになったが，70歳まで繰り下げて受給するだけで65歳での受給に比較して42%の増額となる。また，政府は，企業に70歳まで働く機会を作るように努力義務を課している。

　しかし，体力と判断能力の低下，また年功序列の職場が多いこともあって65歳

以降もそれまでと同じ賃金をもらえる場合は少ない。そこで，賃金は減るが責任も限定的な「小さな仕事」を続けて収入を確保し，それと合わせて確定年金タイプの個人年金保険で65歳から70歳までの生活費を賄い，公的年金は70歳の繰り下げ支給として金額を増やして長生きのリスクに備えたい。これは「WPP」とよばれ，本文で述べたWork longer（長く働く）とPrivate pensions（私的年金），そしてPublic pensions（公的年金）の組み合わせで高齢期の生活を支えるライフプランである。

その流れを図で示すと下図の下段のようになる。私的年金と公的年金の受取り方を変え，公的年金の額を繰り下げ受給により増額することで70歳以降の長生きのリスク対策とし，私的年金は確定年金として公的年金の受給繰り下げの期間を支えとするのである。

図　公的年金の役割分担　新たな図式（継投型／WPP）

完投型
就労／私的年金（企業年金・個人年金）／公的年金保険／60歳

継投型（WPP）
就労／私的年金 退職金 貯蓄その他／（繰下げ増額分）／公的年金保険
65歳～　70歳～
公的年金保険の受給開始までは自助努力でカバー（就労・私的年金等）
work longer　繰下げ受給
長生きリスクは公的年金保険でカバー

出所：谷内陽一『WPP：シン・年金受給戦略』（中央経済社）p.12 より抜粋。

こうした案の背景には，低金利時代が長く続き，少子化，長寿化が続くのではという予測がある。そこで終身給付は公的年金を活用し，税制優遇の手厚い制度であり，iDeCoとNISAに加えて個人年金保険で公的年金の受給開始年齢までの生活を支えようという趣旨である。

もっとも，本文で述べたとおり2024年7月の公的年金の財政検証結果によると，

女性と高齢者の労働参加が進んだこと，および積立金の運用が好調であったことから，将来の年金の状況は従来より明るい見通しへと変わっている。しかし，こうした対処策は選択肢の一つとして考えておきたい。

参考文献

谷内陽一「公的年金と私的年金の新たな役割分担「WPP」とは　人生100年時代の『シン・年金受給戦略』」第21回社会保障審議会企業年金・個人年金部会 2023年4月12日資料3
001020919.pdf（mhlw.go.jp）

コラム4　個別株投資から分散投資で長期投資へ

　米国の投資家で日本の商社の株式を大量に保有したことで知られるウォーレン・バフェット氏が師事し，証券分析の基礎を確立したベンジャミン・グレアムは，「投資とは詳細な分析に基づいたものであり，元本の安全性を守りつつ，かつ適正な収益を得るような行動を指す。そして，この条件を満たさない売買は投機的行動である」と述べている。実際，短期の株式売買は投機と考えられる場合が多いだろう。投機的な売買は市場には必要であるが，投資タイミングや銘柄の選別によって良い運用成績を得て，それを継続することは大変難しい。バフェット氏も一般の人は銘柄の売買がないインデックス・ファンドで株式投資を行うことを勧めている。

　株式市場は急激に変化することがあり，さまざまな要因が株価に反映されるため，予測は大変難しいものとなっている。予測に賭けて投資をすることは避けたい。個別株式投資を行う場合は銘柄選択が重要になり，投資する銘柄が少なければ少ないほどその重要性は高まる。しかし，専門のファンド・マネージャーでも銘柄選択はそう適切であるとはいえない。また，いったん株式市場に参加すれば，プロもアマもない。グローバルな海外投資家も個人も同じ土俵で銘柄選択を行うことになる。野球でいえば，メジャーリーグの選手と野球経験のある草野球の選手が試合をしているようなものであろう。

　どう変動するかわからない株式市場について，現代ポートフォリオ理論では株価の変動は予測不可能としている。現代ポートフォリオ理論は多くの機関投資家で採用されており，2013年からの異次元の金融緩和政策で株式を購入した日本銀行もインデックス投資を行っている。

日本銀行が保有する上場投資信託（ETF）は時価で約74兆円（うち含み益約37兆円）と，日本の年間の税収に匹敵する規模に膨らんでいると見られている（2024年3月末時点）。

　証券価格についての情報処理の早い市場では，あらゆる情報は短時間で価格に織り込まれてしまう。活字になって調査資料等となり，担当者の手許に情報が届く時には，それはすでに相場に織り込まれていると考えて良い。本文で述べた通り，現代ポートフォリオ理論では個別株式への投資成績がインデックス・ファンドの投資成績を継続的，長期的に上回ることはないとされており，個別株投資からインデックス・ファンドによる投資へ，そしてさらに債券を加え，海外の資産へも投資して内外の債券・株式への分散投資として，長期投資を行ってはどうか。

　本文でも紹介した公的年金の内外債券株式の4資産への均等分散投資について，年金積立金管理運用独立行政法人（GPIF）では，現在の資産配分で不測の事態に備えたシミュレーション（ストレステスト）を行っている。それによると，リーマンショック（2008年）とITバブル崩壊（2000年）における市場の実績を用いたところ，どちらの場合についても実質的な運用利回りの累積値は一時的に低下するものの，その後の市場の回復に伴い，数年後には運用利回りも期待される水準まで回復する結果となっている。長期投資が前提であれば，これからも到来が予想されるさまざまなショックの時にもドキドキしなくて済むのではないか。

V　学生が考えるべきFPと資産運用

1．マーケットの知識

　人生100年といわれる長寿の時代であり，70歳までの就業機会の確保を企業の努力義務とする「改正高年齢者雇用安定法」が2021年4月1日に施行された。また，一般的に中途採用の少ない大企業に対して同じく2021年4月1日から中途採用比率の公表が義務化された。

　また，先述の通り，退職所得の税制が20年以上の長期勤務者に対して行われていた優遇の廃止が検討されている。これが実施されれば，多額の退職金を払う慣行は変化して行くであろう。賃金カーブも若年層の賃金引上げと中高年の抑制が行われるだろう。これからは転職のあることを前提としてさまざまなことへの対応力のある生活設計が必要となる時代となりつつある。

　少子高齢化と低成長の経済が続き，高齢期に先述の老後2,000万円問題が課題となる世帯も少なくない時代となった。公的年金は，将来的に2割程度は実質的に減少する。この2割程度の公的年金の実質的減少とは，現在はマクロ経済スライドというスウェーデンの制度をまねた手法で，年金額をインフレに年率0.9％程度で追いつかない形，つまりインフレによる目減りという形で徐々に抑え，将来的に約2割減少させることが行われている。

　そして若い世代が将来のことを考える時にインフレを考えないではいられない。現在，日本銀行は米国のFRB（米連邦準備制度理事会），EUのECB（欧州中央銀行）と同様に2％のインフレ目標を設定し，緩やかなインフレのある経済を目指している。ただし，先述の通り，2％のうち約1％は消費者物価指数が高めに算出されるためのものであり，生活実感としては1％程度のインフレを目指しているといえる。もっとも，高めに出る幅については0.6％程度という研究結果もあるので，1.4％程度の生活実感といえるかもしれない。

　2022年から急激な円安，そして資源高を要因とするコスト・プッシュ型の物価上昇が起こっているが，今後は継続的で緩やかな需要拡大によるディマン

ド・プル型のインフレが予想される。それと共に持続的な経済成長に基づいた賃金の上昇が期待されている。

こうした状況でも不確定な要因が多く，貯蓄計画，資産運用の計画も立てにくいと思われるかもしれないが，インフレが起こると金融資産運用の収益率もインフレ分を反映して上昇することが知られている。

短期金利は一般的にインフレ率を織り込むとされている。金利と物価の関係を式で表すと，

　　実質金利＝名目金利－期待インフレ率　となる。この式を変換すると
　　名目金利＝実質金利＋期待インフレ率　になる。

この「期待インフレ率」は，将来の物価上昇率についての予想の平均値のことである。また，「実質金利」は中長期的には潜在成長率と同じ水準になるとされている。この潜在成長率とは景気変動の影響を除いた経済成長率でインフレ部分を含まない値のことであり，日本は内閣府によると経済の状況によって0.4～1.8％（2033年度）の幅で予想している（2024年7月時点）。

したがって，理論的には平均的には3.0％台の短期金利の実現可能性がある。日本銀行の金融緩和政策が終われば，長期的には期間1年の定期預金でもインフレによる目減りに対処できると考えられる。しかし，現在のように長短の金利を日本銀行がデフレからの脱却のために人為的に低く抑えている場合にはインフレ率が市場の金利を上回ることがある。

そして，債券投資の収益性も長期的にはインフレに伴う短期金利の上昇の影響を反映し，その収益性が上昇して行く。しかし，現在の状況でインフレに負けない債券投資としては，物価連動国債に投資をする投資信託での運用が基本となると考えられる。物価連動国債は利率がインフレ率に連動して半年ごとに変化する債券である。わが国では物価連動国債は個人には販売されていないために物価連動国債に投資を行う投資信託での運用を行うことになる。

短期金利がインフレ率を下回る期間が長いようであれば，この投資信託で運用することでインフレに対処できる。わが国の確定給付型企業年金は公的年金

のようにインフレに連動していない。しかし，英国では日本と異なり確定給付型企業年金の給付額がインフレに連動することが規定されている。そのため英国の確定給付型企業年金はその資金の一部を物価連動国債で運用している。当面，インフレに負けないことを運用目標とするにはこの物価連動国債を適切に活用したい。

　また，株式投資も長期的にはインフレに伴う企業の収益の増加により投資の収益率が上昇する。つまり，債券投資，そして株式投資の資産運用の収益性はインフレ率を反映した短期金利に債券，株式投資のリスクを反映したものとなると考えられる。これはビルディング・ブロック法とよばれ，各資産の期待リターンを短期金利の期待リターンとリスクプレミアム（リスクの対価とみなされる部分）に分解し，それぞれを推計した上で合算することによって，各資産の期待リターンを推計する方法である。この考え方は，公的年金の資産運用にも用いられている。

2．目的別の資産運用

　社会人となって，資産運用に取り組む時，その目的について，先述の通り教育資金，住宅資金，老後資金にわけることが一般的となっている。これらの資金は，その支出時期が異なること，また，年齢的にも異なること等でリスクの許容度も変わってくる。こうしたことから目的に応じた資産運用の観点が必要となる。

　そして，目的に加え，収入・支出，資産・負債，知識，経験といったさまざまな状況のすべてを個人（投資家）の実情とし，これをライフプランとして捉えることにする。

　次の図3-7のように債券市場，株式市場，為替市場等の市場，すなわちマーケットと，こうしたライフプランの両方の観点から分散投資による運用を行い，その結果を踏まえて，再びマーケットとライフプランの観点から見直すという作業を繰り返しながら資産運用に取り組むことが重要である。

　この考え方は先述のシャープ・レシオで有名なウィリアム・シャープが資産

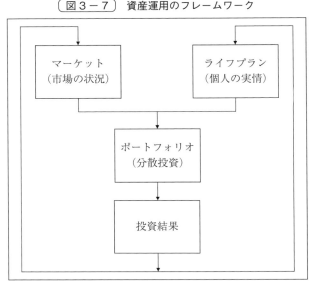

図3-7 資産運用のフレームワーク

出所：筆者作成

運用の基本的な考え方としたものを個人に当てはめたものである。

　そして，分散投資の資産配分を考える時には時間軸を考えることが大切である。運用期間を5年以下，5〜10年，10年以上と大まかに3区分することが基本となり，短期の運用期間はリスクの小さい運用，長期はリスクの低減を考えて株式のようにリスクの大きな資産を中心とした運用とすることである。

　やや古いデータであるが，図3-8のように，日本株に1年投資をしても15年投資をしても平均的には収益性は変わらない。しかし，リスクは長期投資をした場合の方が減少している。米国の証券アナリスト協会の会長を務めたチャールズ・エリスは，「運用期間が十分長ければ，短期では大きなリスクと見える運用手法を，不安なく取り入れることができる」とし，「平均期待収益率が，期間の長さとは無関係にほぼ一定であるにもかかわらず，投資期間が実際の収益率の分布に対して大きな影響を及ぼすこと」を図3-8と同趣旨のデータで示し，「最近の調査では，リスクと収益率のトレードオフは，『時間』

第3章　金融リテラシーの基礎・展開　| 135

図3−8　日本株式への長期投資によるリターンとリスクの変化

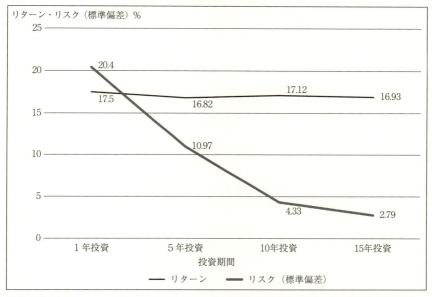

資料：SMBCラーニングサポート「チャレンジ投資信託」（原資料：日本証券経済研究所資料1953年〜1995年）

の取り方に強く影響されることが示されている」と述べている。

なお，このデータの収益率が高い理由は，高度経済成長時代等の金利が高い時代を多く含むからである。実際，期間は異なるが1970年から1997年の短期証券の利回りは6.6%であり，その時の株式投資の収益率は11.6%であった。短期証券との差は5%であるが，現在の公的年金が想定している国内株式の収益率と短期金利の差，つまり先述のリスクプレミアムも5%とされている。株式という資産そのもののリスク・リターンについてみれば，今後も参考となるデータである。

この資産運用のためのお金は，預貯金からのシフトで行うものである。こうした資産運用は確定拠出型年金と新NISAのつみたて枠の活用により非課税で行うことができ，政府としてはこうした税制優遇により長期の資産運用が増え

ることを期待している。しかし，あくまで預貯金の一部のシフトによって行うべきであり，もし人々が日々の消費を控えると経済成長を抑制する要因となっている点に注意が必要である。2001 年からいわれている「貯蓄から投資へ」の標語の通り，人々のお金の運用の仕方を変えて行くのであり，貯蓄も投資も，というわけではない。先述の通り，ドイツ並みを目指し，現在の預貯金の 2 割程度をリスク資産による運用にシフトすることで良いのではないか。運用する資産としては，新 NISA の制度に対応した投資信託商品が多く販売されているので，そのなかから内外の債券，株式に分散投資を行うバランス・ファンドでの運用を目指すことが適切である。

　しかし，この運用方法でも最初の 5 年間は元本割れが起きやすく，途中で運用をやめてしまう人が多い。そこで参考としたいのが，先述の英国の中小企業向けの確定拠出型の NEST（国家雇用貯蓄信託）である。NEST は運用の開始当初 5 年ほどは導入期としてリスクを抑えた運用手法となっている。NEST のデフォルト商品としてはターゲット・デート・ファンド（TDF）が設定されているが，このファンドは積立開始当初の数年間はリスクを抑えた設計となっている。一般的なライフサイクル仮説に基づけば，年齢が若いうちは株式などのリスク資産の構成比を高め，年代が進むにつれリスク資産の構成比を低めて債券などの安全資産の構成比を高めていくのが合理的としている。

　しかし，行動経済学では，損失の記憶が鮮明であると，その後の投資判断に影響を与える傾向（固着性ヒューリスティックバイアス）が指摘されている。そこで，先述の通り，NEST では運用開始当初はリターンが小さくてもリスクを抑え，まずは継続的に資産を積み上げていくことを重視した設計になっており，導入期は短期証券を 20％程度組み入れてリスクを小さくしている。こうして損失発生の頻度を抑えて損を感じる回数を減らし，それによるバイアスのある行動としての投資からの撤退が起きることを減らそうとしている。

　社会人となり勤務先の企業の確定拠出年金や新 NISA のつみたて投資枠での運用を始める時は，この手法を取り入れてバランス・ファンドのうち，債券が占める割合が多いタイプで，債券重視型，安定成長型などと呼ばれるタイプの

ファンドで運用を開始することが適切である。もっとも，先述のように公的年金と同様の内外の債券・株式への4資産均等分散投資の場合，〇〇ショックといった事態が発生すると年間25％程度の下落があることを十分意識できれば，実際に損失が起きても冷静な対応ができる。投資は長期的な視点で行うべきであり，一時的なリターンの変動に惑わされないようにするには最大損失額の想定と対処策を事前に決めておくことが重要となる。

海外の株式のみ，または国内の株式のみの投資信託で運用していると，これらの標準偏差は大きいので損失額も多額となり，確定拠出年金や新NISAのつみたて投資枠で行う老後資金のための堅実な資産運用とはいえないのではないか。無論，多額かどうかはその人のリスク許容度によるので一律には決められないものの，一般の個人が大きな額を想定することは困難であろう。そのため，株式への投資は，まず内外の債券・株式への分散投資を行い，ある程度の資産を形成してから始めるべきである。5年程度は内外債券・株式への分散投資を行い，その後，株式投資へ振り向けることが適切であろう。

そして，先述の通り，現役から引退して老後の生活では，収入の柱となる公的年金の受給開始年齢をできるだけ繰り下げて受給額を増やすことが重要となる。公的年金は，65歳から支給開始となるが，1ヵ月繰り下げると0.7％支給額が増え，75歳まで繰り下げると84％支給額を増やすことができる。3年の繰り下げで約25％の増額となるが，これだけでも先述のマクロ経済スライドによる削減分は埋め合わせることができる。

しかし，若い頃にこうした計画的な資産運用ができない人も多い。そこで米国の確定拠出年金では，リタイヤの近い50歳以上の人を対象にキャッチアップ枠が設けられ，拠出できる上限を増やす措置がとられている。

ただし，現代の相続は平均寿命が延びたことから50代から60代に発生することが多いが，そうした人々が親から相続した財産額は平均値が3,273万円，中央値が1,600万円となっている（三菱UFJフィナンシャル・グループ調べ（2020年））。こうした資金を使用して公的年金の受給開始年齢を繰り下げることも考えることができる。

親の資金の活用に関しては，教育資金，住宅資金，結婚・子育て資金としての贈与について非課税措置がある。また，老後資金の準備としても相続時精算課税制度によって課税の時点を相続発生時に先送りする贈与の制度を活用することも考えるべきである。

社会人となり，結婚すると教育資金のための資産運用に取り組む必要がある。特に大学への進学資金では，事前の準備，そして親が借りる教育ローンか学生本人が借りる奨学金かという選択になる。まず，借入の方であるが，親が借りる教育ローンは民間の金融機関が多くの商品を提供しているが，日本政策金融公庫の「国の教育ローン」が金利の点で有利であることから，この商品の利用を最初に検討したいところである。

また，学生本人が借りるのが日本学生支援機構の奨学金となる。この奨学金は基本的に貸与であるので負債であるとの認識が重要であり，返済を怠ると債権回収専門会社からの督促を受ける。何より問題であるのは個人の信用面に傷がつき，クレジットカードの取引が停止となったり，住宅ローンの審査に通らない場合もある。この点を考えると，前に述べた教育ローンを親が借りて支援することも考えた方が良い。なお，人手不足経済への移行が始まっており，新卒の採用のために奨学金の返済を支援する企業が増えている。しかし，こうした企業に就職した場合，仕事が自分に合わないとわかっても転職しにくくなるので注意したい。転職のオプションを持っておくことは重要である。

教育費の事前準備のための金融商品としては積立投資信託と学資保険が主なものであろう。学資保険は貯蓄性の保険の一つである。それに保険機能が付いており，親が亡くなった場合，それ以降の保険料の払い込みが免除されることが安心材料となっている。しかし，生命保険に貯蓄機能を求めるのはその予定利率が高く，また，コストも小さく，強制貯蓄として心理的なコントロールができる場合である。予定利率は保険会社が決定するが，自由に決めているわけではなく，金融庁が標準利率を定め，各保険会社はその標準利率を指標に予定利率を決めている。

そこで教育資金を準備する場合は，積立投資に適した費用の安価な投資信託

を使って少しリスクのある資産運用を行っても良い。仮にリーマン・ショックのようなことが起こり，運用資産が減少しても，その減少分は教育ローンや奨学金で対処できるからである。例えば，大学用に4年間の授業料と仕送り合計800万円を目標として公的年金の運用法をコピーし，積立投資で運用していて，直前に○○ショックが起こる時の年間損失額を200万円と想定し，その損失をローンで調達できるように事前の準備をしておけば良い。

　もっとも，そうならないためには資産運用の方法を工夫すれば良く，先述のターゲット・デート運用という手法で，使用する時が近づくにつれてリスクの小さい運用にシフトする手法で対処すれば入学直前に大きく資産価格が下落することは避けられる。この手法は，確定拠出年金向けの投資信託商品に用いられているが，教育資金でも使いたい。

　住宅資金の準備は，頭金（手持ち資金）として1,500万円を目指したいところである。先述の通り，頭金が少ないと住宅ローンの審査で不利になりやすく，また，金利の優遇も受けにくくなる。ただ，老後資金や教育資金と異なり，住宅を購入する年齢は平均値としては40歳代前半とされているが，個々人の実情でかなり変動が見込まれる。そこで仮に15年で期待リターンを4％と想定すると，1,500万円を得るための年間の投資額は74.9万円となる。この計算は減債基金係数表という資料を用いるが，今ではネットにこうした計算をするサイトがあるので，それを使用すれば簡単にさまざまな条件での計算ができる。今回の想定の場合，月6.2万円の積立投資が必要なことがわかる。しかし，20代は年功賃金制では年収が極端に低く抑えられているので，少ない金額ではじめ，年齢と共に積立金額を増やして行くことも適切である。

　このようにライフプラン（個人の実情）とマーケット（市場の状況）から時間軸を考えて分散投資の内容を決定するという過程を繰り返しながら，堅実な運用を考えたい。

Column 5　株式に投資する時の注意点

　株式取引の手数料が安価なインターネット取引が盛んになり，個別株式への投資は一般の個人の間で人気になっている。実際，2023年度末の個人株主数（延べ人数）は，9年連続して増加し，前年度比462万人増の7,445万人となっている（日本証券業協会調べ（2024年））。

　そこで個別株式の投資のリスクについて考えてみたい。日本証券業協会によると，国内の株式投資のリスクは主に2つある。それは換金する際の受取金額が当初支払った金額より下回る場合がある（価格変動リスク）ことと，投資した会社が破綻する可能性がある（信用リスク）ことである。これらのリスクに対応するためには一度に買わず，タイミングを何度かに分けて買ったり，複数の会社や業種に分散してバランスよく買ったり，短期的ではなく長期的な成長に期待したりするのが良いとされている（日本証券業協会「投資の時間」）。

　この複数の銘柄を決める場合，例えば割安で成長が見込まれる銘柄を選ぶなどというが，それがいかに難しいかはあまり知られていない。投資信託の運用を担当するファンド・マネージャーという専門家が銘柄選択をしても，短期の運用ではまだしも長期的な運用ではインデックス・ファンドにかなわない場合が多いというのが実情である。

　また，人の投資判断については行動経済学者のダニエル・カーネマン氏が2002年にノーベル経済学賞を受賞する理由となったプロスペクト理論の「価値関数」という考え方がある。宝くじや投資でもうかる見込みのことをプロスペクトという。人の心は損を得よりも2倍以上に感じ，また，損も得もその額が大きくなると感じ方が鈍感になって行くという傾向（これを感応度逓減性という）がある。つまり，損失の痛みは得をした時の喜びより2倍鋭く感じるということであり，そして，その額があまりに大きくなると，今度は痛みも喜びも鈍感になる。

　そのため，人は小幅の株価上昇に満足して「利益確定売り」を行い，価格が下落した銘柄は「塩漬け」とし，価格が上昇して元本を回復すると「やれやれ売り」を行うとされる。実際，このプロスペクト理論の立場で日本の株式市場（1982年2月～2020年12月）を分析すると，投資家は含み損を抱える銘柄と比較して含み益を抱える銘柄を積極的に売買する傾向があり，市場には含み損を抱える銘柄が相対的に多く存在することが確認されている。

　こうした心理的バイアスを理解した上で人々が日本株に長期投資を行い，わが国の株式市場において個人投資家の投資割合が増加することは，わが国の株式市場の

グローバルな海外投資家への過度な依存を是正することができ，その意義は大きい。

しかし，株式での資産運用は短期売買での運用，いわばタイミング・アプローチが多いのが現実であろう。個人株主の保有期間は，「10年以上」が25.0%，「5年以上」が42.7%となっており，推計される平均保有期間は，4年11ヵ月となっている（日本証券業協会調べ（2021年））。この行動は先述の損得の感じ方がベースにあるのは間違いない。

VI 高齢者が考えるべき資産運用・相続・IT

1．高齢者の資産運用

高齢者は保有している金融資産がインフレによって購買力が低下しないように，まず，先述のインフレに強い金融商品とされる物価連動国債に投資する投資信託と，期間10年の変動金利型の個人向け国債への分散投資が適切である。そして一部にバランス・ファンドを用いて比較的小さいリスクである程度のリターンを得ておきたい。

債券投資を専門とする有力な運用会社も，債券投資家は，将来の購買力を維持または向上させるためには投資の成果がインフレ率に遅れを取らない方法を

考える必要があるとして，変動利付債とインフレ連動債の保有が考えられるとしている。

　高齢者の生活はインフレに大きな影響を受ける。実際，高齢者と若年層の消費行動の違いを考慮することで年齢ごとに直面する物価がどのように異なるかを検討したところ，高齢者と若年層では支出する財も購入先も異なり，同一の消費行動をとるわけではないので，支出する財の違いを考慮すれば過去20年間の高齢者が直面する物価は平均的な消費者が直面する物価よりも1.5％程度高い率で上昇しているという研究結果がある。ただし，先述の通り，消費者物価指数は実態より大きく集計される傾向があることもわかっているので，その点も忘れないようにしたい。

　国債についてはその信用の悪化を不安に思う人もいるであろう。国の連結貸借対照表の純債務は－571兆円だが，G7諸国はすべて純債務がある状態となっている。純債務のGDP対比では日本は1.62倍とイタリアの1.33より悪くG7では最悪の状態である（2022年時点）。しかし，わが国の政府は金融資産が多く，売却可能な資産も多いといわれている。また，歳出から国債償還費を除くと，新型コロナ対策のための歳出が増える前の2020年までは今世紀に入って80兆円程度で推移しており，大幅に歳出が増えているわけではない。これらからすると，将来的に増税と公的給付の低下が起こることは考えられるが国債価格の暴落は起こらないだろう。

　先述の通り，インフレへの対処策としては長期的には株式や債券への分散投資による資産運用が考えられるが，短期的には株式や債券を含む運用は価格変動が大きく，インフレ対策としての資産運用とはいえない。過去のデータによると，内外の債券・株式に均等に分散投資をしても期間1年の元本割れ確率は27.7％という試算もある（大和証券調べ（2020年））。

　そこで，現在（2024年8月時点）のようなインフレと政策的な低金利が同時に起こる場合は，物価連動国債を投資対象とする投資信託による資産運用が効果的であろう。物価連動国債に投資する投資信託の価格変動の要因は，消費者物価指数（生鮮食品を除く総合指数）と長期金利が主なものとなる。基本的には

消費者物価の上昇と，長期金利の低下による債券の価格上昇が投資信託の価格の上昇要因となる。逆に消費者物価上昇率の低下と，長期金利の上昇による債券価格の下落が，投資信託の価格の下落要因となる。このタイプの投資信託の平均的なリターンは年率2.71％，標準偏差は1.49％となっている（過去3年，2024年7月時点）。収入が年金しかなく，今ある金融資産を守りながらインフレによる購買力の低下を防ぐには適した金融商品であろう。先述の通り，インフレに連動することが義務化されている英国の職域年金では債券投資のうち48％，投資全体の35％を物価連動国債で運用している（三菱UFJ信託銀行調べ（2022年））。

インフレは景気回復に伴い物価と金利が同時に上がる状態が望ましい。しかし，金利が上昇する局面では債券投資は収益性が低下し，インフレ率と同水準の収益率が維持できない。

そこで，物価連動国債を投資対象とする時は，利率が長期金利に連動する個人向け国債（10年変動金利型）との分散投資が有効である。10年変動金利型個人向け国債のメリットは，変動金利であるから長期金利が上がれば受取利息が増え，下がる時には最低金利保証（0.05％）がある。この変動金利（期間6ヵ月）の利率は，10年国債の実勢金利に0.66をかけて算出される。つまり，長期金利の変動の3分の2の割合で変動する。

こうして長期金利上昇で短期的には価格下落が起こる物価連動国債と，長期金利上昇の時に利息が増加する変動金利型の個人向け国債を組み合わせ，全体としての価格の変動性を減らすことができる。

日本銀行は2％のインフレ目標を掲げているので，今回の2％を超えるインフレが収まっても2％程度の緩やかなインフレは継続する。短期金利が政策的に低く抑えられることが続く場合，短期的な対応として高齢者は預金の一部をこうしたインフレ対策としての資産運用にシフトした方がよい。しかし，5年以上使用しない資金の一部は，バランス・ファンドで運用したい。短期的には元本割れが見込まれるものの，長期的にはインフレ率を大きく上回る収益率が予想される。

なお，老後資金について，米国では退職後の運用期間を30年と想定した場合，ポートフォリオを株式と債券50％ずつ投資すれば，毎年4％の引き出しを続けることができる確率は80％とされている。米国と日本では投資環境が異なるが，ある程度は参考にできる。重要な点は，株式投資と債券投資への分散投資とするという点であり，引退期の生活費のための運用は株式だけではリスクが大きすぎる。

また，運用資産を取り崩しながらの運用より，運用資産を5年毎に解約し，また期間5年で積立投資をする方が元本欠損を起こす確率は小さい。内外の株式のインデックス・ファンドに一括投資と積立投資で5年間運用した場合，元本欠損を起こす確率は積立投資の方が半分程度になるという研究結果がある。新NISAのつみたて投資枠を使えば，非課税で購入手数料のない投資信託での運用ができるので考えてもらいたい。

2．高齢者と相続

相続について考えるようになる年代といえば70歳代以降であろう。そうした年齢での資産運用で大切なことは，一部に超長期の運用を組み入れることである。人は誰でも高齢期になると，無意識の内に死への不安を抱えて暮らすことになる。相続の話題，例えば「終活」はそうした不安を表面化させる可能性もあるので慎重な取り組みが求められる。そこで少しでも明日を感じる長期の資産運用を考え実行することが重要になってくる。実際，資産運用を行っている人ほど，夫婦でさまざまなアクティビティを楽しんでいるという分析もある（野村證券調べ）。

引退期の生活費に当てる資金のリスク許容度は低いが，自分で使用しない資金，すなわち相続財産として子供に残そうと考えている資金であれば，超長期の運用が可能となる。そのため一時的な価格の下落にも耐えることができ，リスク許容度は大きくなる。

わが国の高齢者の金融資産の年間取り崩し額は金融資産額の3％相当額であり，取り崩し可能年数は34年と推計されている。これに平均年齢を加えると

いわゆる資産寿命は平均寿命や 100 歳を超えてしまう。なお，計画的に取り崩している割合は 2 割を下回っている (野村アセットマネジメント・株式会社野村資本市場研究所調べ (2018 年))。つまり，わが国の高齢者は一般にお金を残して亡くなる方が多く，結果として日本全体の個人金融資産の多くを高齢者が保有することになっている。そうしたお金はリスク資産で運用した方が良いが，実際には大半は預貯金で運用されている。日本の家計金融資産については，60 代以上の保有比率が 6 割を超えており，家計金融資産のうち高齢者世帯の現預金が 3 割を占める (金融庁調べ (2022 年))。

なお，認知症の高齢者が保有する資産額を推計すると，金融資産が 175 兆円，不動産が 80 兆円で合計 255 兆円となる。これは日本の家計が保有する資産総額の 8% 強にあたる。高齢化の進展と相まって認知症高齢者の保有資産はさらに増加し，2040 年には 349 兆円，家計資産総額の 12% を超える見込みとなっている (三井住友信託銀行調べ (2022 年))。こうした資産は自由な取引や管理が困難になり，いわば「凍結」してしまう可能性があり，新たな社会問題となっている。

相続財産として残すための運用として，例えば内外の株式に投資を行う投資信託は長期的には投資成果が安定し，結果として高い収益を期待できる投資対象といえる。先述の通り，高齢者が金融資産運用に取り組むことは，死の不安を軽減し，メンタルに効果があるといわれる。年金を受け取りながら預貯金を積み増す高齢者が多い理由はそうした点にあるといわれるので，預貯金の一部を 10 年以上の長期の株式投資を中心とした資産運用に充てることは適切であろう。

しかし，株式等のリスクの大きな資産による運用は子供から反対意見が出る場合がある。子供としては親がリスクの高い商品を勧められ，相続財産となる予定の金融資産が大きく減少するリスクを恐れる。近年，社会問題となったのは仕組債への投資である。仕組債とは，日本証券業協会によると，一般的な債券にはみられないような特別な「仕組み」を持つ債券である。この場合の「仕組み」とは，スワップやオプションなどのデリバティブ (金融派生商品) を利

用することにより，投資家や発行者のニーズに合うキャッシュフローを生み出す構造を指す。こうした「仕組み」により，満期やクーポン（利金），償還金などを投資家や発行者のニーズに合わせて比較的自由に設定することができる。スワップとは，金利（固定金利と変動金利）や通貨（円と外貨）を交換する取引をいう。例えば，スワップを利用することにより，金利が低下したときに受取利子が増加する（逆に金利が上昇すると受取利息が減少する）仕組債を作ることもできる。また，オプションとは，あらかじめ約束した価格で，1ヵ月後，1年後など将来に売ったり買ったりできる権利をいう。例えば，株価があらかじめ定められた価格を下回った時に，この権利が行使されて，償還金が減額するような仕組債もある。

　しかし，こうした仕組みを理解することは高度な金融教育を受けた人以外は不可能であろう。仕組債の内，例えばEB債（他社株転換可能債）のようにオプションを売却する取引を含む商品は，市場の情勢によっては損失が拡大する。金融庁では，EB債は「リスク選好が強い一部の限定的なニーズがあることまでは否定できないにしても，中長期的な資産形成を目指す一般的な顧客ニーズに即した商品としてはふさわしいものとは考えにくい」としている。知識と経験があまりなく判断能力も低下している可能性もある親に，そのような金融商品を勧めては困るということである。この判断能力の点については，ジェロントロジー（老年学）の研究によると，高齢者は金融資産運用の判断が自信過剰になることがわかっている。この「自信過剰バイアス」は，女性よりは男性において，また学歴が高ければ高いほど，そして加齢とともに強まることが確認されている。

　株式に超長期で投資するとしても，子供が懸念する価格下落への対処策として投資対象を世界の株式に分散し，一括投資を避けて積立投資とすることも必要である。積立投資は若い世代の資産形成のための投資手法とされているが，高齢者の資産活用型の運用にも元本割れリスクの点では有効であることはあまり知られていない。

　また，標準偏差を基に損失限度額や運用内容を変更する基準の額を明確に決

めておくことも必要であり，適切な資産活用型の運用で子供を安心させたい。そして，長期的な資産運用では経常的に発生するコストが大きな問題となる。投資信託の場合は，運用管理費用（信託報酬）の小さいインデックス・ファンドはその点有利となる。インデックス・ファンドはパッシブ運用なので，手数料が安価となっている。パッシブ運用の理論的根拠としては，先述の効率的市場仮説がある。新 NISA のつみたて投資枠では金融庁の基準によりコストの安価な商品しか取り扱えないこととなっているので，つみたて投資枠対象商品を活用したい。

　相続財産の分割の手続きを考えても，投資信託等の金融資産は分割が容易であり優れた相続財産といえる。これが不動産であれば，分割方法が複雑になる。金融資産は相続税評価が厳しいので不動産として残すことも有力な方法であり，相続税対策としての賃貸不動産経営はよくいわれることであるが，それは分割が適切に行われる相続人同士の良好な人間関係がある場合のことである。

　この不動産の有効活用で最も分割が容易なものは，信託銀行を活用する土地信託の場合であり，不動産の権利が信託の受益権となるので柔軟な相続が可能となる。高齢者の財産管理においては，管理とともに多かれ少なかれ財産承継も意識されるようになるので信託は活用を考えるべき制度といえるだろう。

3．高齢者と IT

　インターネットバンキングは拡大されて行くであろうが，高齢者には ID，パスワードの管理とフィッシング詐欺に注意すること，そしてセキュリティソフトを常にアップデートすること等の日常的な管理ができることが利用の大前提となる。また，本人が自覚できない認知症のリスクもある。こうしたことから 70 歳以上の高齢者は紙の通帳の有料化の対象外となっている銀行もあるので，WEB 通帳の利用は避けたい。

　実際，80 代の高齢女性に対し，銀行口座をインターネットでも操作できるように仕向け，4,000 万円以上をだまし取る詐欺事件も起きている。特殊詐欺の認知件数について被害者の年齢層別に見ると，65 歳以上の高齢者が被害

者であるものが全体の約7分の6を占めている．特に多いのが，先述のような80歳以上の女性が被害者である事件であり，同年の特殊詐欺の認知件数の36.8％を占めた．特殊詐欺による実質的な被害総額は年間約285億円，1件当たり約211万円に上っている（警察庁調べ（2021年））．

　しかし，高齢者に対する支援としてデジタル技術を活用し，こうした犯罪から高齢者を守ることが目指されている．例えば，口座の取引を家族に連絡し，高齢者を遠隔で見守るサービスを「家族口座見守りサービス」として展開している銀行は多く，こうした制度も適切に活用したい．

　防犯カメラの映像データを用いた金融詐欺対応例もあり，ATMコーナーに設置したAIカメラがATMの利用者を見守っている．そしてスマートフォン・携帯電話等で通話をしながらATMを操作する動作を画像解析により検知し，備え付けのスピーカーからAIが注意喚起のアナウンスをすることで振り込め詐欺の未然防止に取り組んでいる．

　さらに，音声入力技術を活用すれば，筆記具を手に持つことやキーボードを操作することなく金融取引が可能となるだろう．金融機関にとってもこうした高齢者に対する新しいサービスは大きなビジネス・チャンスとなるだろう．新しい金融サービスの高齢者に対する支援となる面をどう発展させるかが，高齢化が進むわが国の金融業の今後の課題といえる．

　ITによる高齢化への対応として，金融詐欺に対応するための異常検知システムを用いたサービス例がある．例えば米国のEver Safe社は，銀行口座やクレジットカード，証券口座などを機械学習を用いて分析し，取引における異常を検知した際に本人や本人の近親者，専門家に通知するシステムを開発している．具体的には普段は行われない多額のあるいは1日に複数回の預金引き出し，深夜の預金引き出し，支出パターンの変化，料金支払いの遅延などを検出している．

　米国のUnited Incomeは，50歳以上の高齢者を中心に個別の投資アドバイス，老齢給付請求，税務サービス，消費支出に関する個別のアドバイスを提供するフィンテック企業である．フィンテック（FinTech）とは金融（Finance）と技術（Technology）を掛け合わせた造語であり，銀行や証券，保険などの金融分野に

IT技術を組み合わせることで生まれた新しいビジネス等のことである。

　United Income社のサービスの内容は，日常生活に要する費用や突発的な支出など予想できる範囲内で詳細な支出情報を提供してもらい，これらの情報を基に資産状況，社会保障の通知書等に記載されている老齢給付見込み額，必要経費，裁量的経費を入力し，収支バランスの提案を行っている。さらにこれらの情報を基に個々の平均余命や支出パターンを推計した上で最適な投資ポートフォリオと老齢給付の請求年齢を複数パターン提示している。

　米国のBettermentは，同社のアプリにアクセスすると財務計画や投資に関するアドバイスが提供されてくる。加入者はこれらの通知を受け取ることによりさまざまな投資行動を行うようになる。加入者は同社のシステムにアクセスし，現在の収入状況，貯蓄状況や希望する退職年齢を入力すると，これらの情報をもとに希望する退職年齢，現在の収入額，支出額，毎月に貯蓄すべき額が示され貯蓄や投資が促される仕組みとなっている。さらに同社が管理する資産の0.4％の手数料を支払うと，同社が認定するFPと無制限に相談を行うことができる。

　高齢期には多額の資産を保有しているものの，健康問題や遺産などさまざまな意思決定が求められ，これらの意思決定は容易なことではない。高齢者世代は現役世代に比べると異なった問題を有しており，金融リテラシーを身につけたとしても投資の資産配分，老齢給付請求年齢，税務処理等さまざまな金融意思決定が必要となるため，これらをワンストップサービス化してアドバイスを提供することが効果的とされている。こうしたITの新しい機能の活用が金融サービスを提供する側，利用する高齢者ともに必要となっている。

　先述の通り，米国のFPの選別基準は暖かい接し方，ささやかな敬意を示してくれる人柄であり，資産運用の巧拙よりも重んじられている。わが国でも住信SBIネット銀行は現在40店舗の代理店を200店舗に増やす計画を発表している。これはネット銀行への対面相談のニーズが高いからであろう。このITと人間的なリレーションは相互補完的であり，今後の個人金融取引の重要なポイントであることは間違いない。

コラム6　少子高齢化と高齢者の資産運用

　日本人の平均寿命は戦後，急激に延びてきた。これに少子化が加わることで少子高齢化社会が到来した。これにより，働く世代の数が減少するなかで，経済成長を持続させ，社会福祉の負担を支えて行くといった難しい問題が起こっている。

　しかし，少子高齢化社会をマイナスにばかり捉えることもない。深刻な社会問題となっている非正規雇用の問題において，人口減少のなかで将来の労働力不足が懸念されることから，一部の企業は中途採用による正社員確保に動き始めている。

　また，大学受験の厳しさも随分と緩和されている。現在の10代後半の年代と団塊ジュニア世代といわれる50代前半の年代では，1学年で80万人程度人口が減っている。大学進学率が約50％として，今より40万人大学受験生が多ければ，その受験競争のために使われる親のお金と子供の時間はどうなっていたであろうか。

　そして，大学生の就職状況も売り手市場となり，就職氷河期やリーマン・ショックの時とは様変わりした。少子化の問題は住宅問題についても影響が出てきている。若い世代は結婚してからの住宅を将来，双方の両親のいずれかより相続財産として取得するか，その住宅を処分したお金が得られるということにもなる。わが国の年間の相続財産の額は50兆円程度と推計されており，相続する金融資産もかなりあることは本文で述べた通りである。

　そして，高齢化社会では，引退後も長期の時間がある。この時間を資産運用の期間として捉えると，個人が長期投資に取り組めるようになったのではないか。夫は子供の教育資金の負担が終わった引退前の50代から約30年の投資期間があり，その妻は結婚年齢差と平均余命の差を考えるとさらに長い期間，夫の資産を引き継いで運用できる。

　なお，結婚年齢差については夫婦同年齢の結婚が全体の22％となり（2022年時点，ニッセイ基礎研究所調べ），将来的に小さくなるが，それでも夫婦単位でみればかなりの長期投資が可能となる。しかし，同じ30〜40年間といっても若い世代と比べて勤労所得があまり見込めないので，個別の株式投資のようなリスクの高い運用は避けたい。ともあれ，高齢者の資産運用は，短期的利益の追求と元本保全の要求という矛盾した動機が多いといわれている。この状況を変えるだけの時間，つまり投資の成果を待つことができる時間ができたと思われる。

　それでも，少子化により労働力が減少し，また人口の減少で消費者の数も減ることから，もう日本経済の発展はない。したがって日本の株式投資にも望みはないと考える人も多い。成長するのは，一部のグローバル化した日本企業だけではないかとも思える。

しかし，かつての日本の高度成長時代（1955年～1970年）の労働人口（15歳以上で失業者以外の人々）の伸び率は年率1.3%，総人口増加率は年率1.0%であったが，実質GDPの成長率は年率9.6%であった。高度成長時代に高い成長が実現できた理由は，多くの人が働き，多くの人が消費したのではなく，働く人々の仕事内容を農業から工業へと変え，企業の利益が大幅に増加し，それが賃金の上昇となり，一人当たりの所得が増加したからである。これにより個人消費が増加した。

つまり，これからも企業の利益を増やし，それが賃金の上昇につながれば個人消費が減少することはないわけであり，人口要因で個人消費が決まることはない。また，デジタル化が進み，人海戦術で仕事をする時代でもない。

そうだとすれば，今後も日本企業が経営の仕組みと働き方を変えて，人々が価値の高い仕事をすることができる仕組みへと変わることで成長はできる。

人的資本経営について検討した経済産業省の「人材版伊藤レポート2.0」では，「変化が激しい時代には，これまでの成功体験に囚われることなく，企業も個人も，変化に柔軟に対応し，想定外のショックへの強靱性（レジリエンス）を高めていく変革力が求められる」とし，変化の方向性として次の図で説明している。

［図］変革の方向性

出所：経済産業省「人的資本経営の実現に向けた検討会 報告書～人材版伊藤レポート 2.0～」2022年。

本文でも述べたが，今後の経済成長のためには金融システムとミスマッチとなっている雇用の仕組みを，より企業による囲い込み等のない柔軟で流動性のある仕組みへと変更することが必要ではないか。

　また，1990年代末からデフレと低成長が続き，購買力平価による一人当たりGDPは52,215ドル（2023年，IMF調べ）とG7で最下位となった。そして国際競争力ランキングは38位となり，人口2,000万人以上の国でも15位となった（2024年，IMD調べ）。こうしたことから，現在のわが国は，再び模倣を目指すことで成長が起こるのではないか。

　しかし，そういわれても，高齢者は，所得の不安から元本割れが起こるリスクがある資産運用はできないのではないかといわれることがある。確かに高齢者は，大きな所得は見込めないがリストラなど雇用についての不安はない。また，大半の高齢者が自宅を保有しており，家賃を払う生活を送っているわけではない。

　実際，金融広報中央委員会によると，老後の生活不安を持っているのは30代がピークで90.2％であり，60歳代になると不安を感じる人は78.8％に減少している。

　米国の調査でも，夫婦は夫が現役を引退した後の方が仲良くなるという結果が出ている。これは，現役時代は，夫は仕事や住宅ローン返済等の経済的問題，妻は子育て・子供の進学等で緊張と不安からストレスが高いが，このようなことから解放される高齢期はお互いにストレスが軽減され，夫婦仲が良くなるとされている。

　本文で述べた通り，資産運用を行う高齢者夫婦は旅行等のアクティビティーに取り組む割合が多い。これは保有資産が大きいからと思われそうだが，本文の図3－6「知識量と高齢期の生計の見通し」（貯蓄額別）で示した通り，保有資産額に関わらず金融知識の多い高齢者は今後の生活設計についての見通しができているので，そうともいえないだろう。

　わが国でも夫婦仲が良好と考える割合は，50代が81.8％，60代が84.1％，70代が86.9％となっており，夫婦の時間が増えるからか年齢を重ねるにつれ良化する傾向にある（野村證券調べ）。こうしてみると高齢期は概ねゆとりの時代といえ，日々の生活に追われる人々ではない。この精神的なゆとりを活かして堅実な資産運用の手法を学べば，効率的な資産運用に取り組めるのではないか。

　日本の家計金融資産については，60代以上の保有比率が6割を超えており，高齢者こそ，「貯蓄から投資へ」の動きが求められているのであって，新NISA制度を活用して投資信託により内外の株式市場，債券市場で分散投資を行うことが求められていると思う。

第 3 章　金融リテラシーの基礎・展開　|　153

> 参考文献
> 野村證券「夫婦の仲は年を重ねるごとに〇〇する!? 調査データから見える夫婦円満の秘訣」閑中忙あり（かんちゅうぼうあり）―人生 100 年時代を粋でお洒落にするためのウェブマガジン（nomura.co.jp）
> 経済産業省（2022）「人的資本経営の実現に向けた検討会　報告書～人材版伊藤レポート 2.0 ～」report2.0.pdf（meti.go.jp）

主な参考文献

飯田泰之（2024）『財政・金融政策の転換点』中央公論新社.

伊藤宏一「高齢者に対する金融教育と相談体制」2017 年 3 月 14 日《長寿社会とファイナンシャル・ジェロントロジー研究の展望》慶應義塾大学ファイナンシャル・ジェロントロジー，研究センター発足記念シンポジウム.

岩壷健太郎（2020）「東証株価の情報効率性に果たす海外投資家の役割」日本証券業協会.

大竹文雄（2004）「失業と幸福度」『日本労働研究雑誌』No.528.

大竹文雄（2010）『競争と公平感』中央公論新社.

川崎成一（2019）「ファイナンシャル・ジェロントロジーと金融リテラシー」『生命保険に関する調査研究報告（要旨）』30 号，公益財団法人かんぽ財団，pp.13-23.

川村憲章（2016）「金融リテラシー調査にみる高齢者の弱点・年金の認識」WEB Journal『年金研究』No.4，pp.14-16.

岸真清・藤波大三郎（2010）『ファースト・ステップ金融論　改訂版』経済法令研究会.

小林庸平・中山辰彦（2020）『「老後資金 2000 万円問題」解決のための「ナッジ」活用の枠組みとイギリスにおけるケーススタディ』三菱 UFJ リサーチ＆コンサルティング.

杉ս浩二（2015）「米国のフィナンシャル・プランナー ―その現況と新しい動き」日本証券経済研究所.

鈴木明宏・高橋広雅・竹本亨（2020）「学歴・金融教育・行動バイアスが金融リテラシーに与える影響―「金融リテラシー調査（2016 年）」を利用した分析」『山形大学大学院社会文化システム研究科紀要第 17 号』pp.53-68.

関静香（2020）「国民の資産形成と金融リテラシー」『フィナンシャル・レビュー』令和 2 年第 1 号（通巻第 142 号），財務省財務総合政策研究.

チャールズ・エリス著，鹿毛雄二・鹿毛房子訳（2022）『敗者のゲーム　原著第 8 版』日本経済出版社.

トラスト未来フォーラム（2021）「信託その他制度における財産管理継承機能」『トラ

スト未来フォーラム研究叢書』．
中根千枝（2019）『タテ社会の人間関係』講談社．
原田泰（2024）『日本人の賃金を上げる唯一の方法』PHP研究所．
藤波大三郎（2015）「地域密着型金融とイノベーション」『産業経済研究』第15号，日本産業経済学会，pp.65-78.
藤波大三郎（2016）「新しい銀行の企業取引」『産業経済研究』第16号，日本産業経済学会，pp.109-122.
藤波大三郎（2019）「日本社会とアベノミクスの金融政策」『松本大学研究紀要』pp.1-32.
藤波大三郎（2020）「金融システムの変化とライフプラン」『Journal of Financial Planning』通巻242号，日本ファイナンシャル・プランナーズ協会，pp.40-43.
藤波大三郎（2021）「タテ社会と賃金」『産業経済研究』第22号，日本産業経済学会，pp.3-13.
藤波大三郎（2021）『たのしく学べるファイナンシャル・プランニング　改訂版』創成社．
藤波大三郎（2023）「グローバル化とタテ社会」『目白大学短期大学部研究紀要』第59号，pp.65-78.
藤波大三郎（2023）「高齢期における貧困化への対処策」『産業経済研究』第23号，pp.1-11.
藤波大三郎（2023）「［連載］預金が減っていく！…「金利上昇なきインフレ」の対処策」THE GOLD ONLINE（ゴールドオンライン）．
みずほ総合研究所（2022）「独立系フィナンシャルアドバイザー（IFA）に関する調査研究」．
森俊介（2019）「テクノロジーは超高齢社会の金融問題を解決するのか　金融ジェロントロジーとフィンテックの交差点」『大和総研レポート』．
森嶋通夫（1999）『なぜ日本は没落するか』岩波書店．

あとがき

　本書を最後までお読みいただき，感謝申し上げる。

　幅広い層（学生から高齢者）の読者，さまざまな立場（預金者，金融当局，金融機関など）の読者を想定し，的確でわかりやすい内容を心がけた。

　本書を簡単に振り返る。

　第1章「金融調査の内容・結果」からは，長野県民840名のメインバンクに対する思い，金融機関の利用実態，地域金融機関への要望，八十二銀行と長野銀行との経営統合に関しての思い，金融リテラシーに関する意識などがわかる。これらは，ほぼ長野県民の実像と捉えて良いと思われる。本章は，本書の基礎となる部分で，地域金融機関の実情と課題，県民（地域金融機関利用者）の実態と要望などが明らかとなった。筆者らが予想した通りの結果となった設問もあれば，予想外の結果となった設問もあり，全体を通して興味深い結果となった。県民の生の声は，巻末の資料編の自由記述をお読みいただきたい。

　第2章「金融調査からの考察・展開」は，第1章の結果に対して分析・考察を行い，地域金融機関の将来の在り方および金融環境の向上策などを展望したものである。本文では，設問に沿って分析・考察している。そして，地域金融機関の在り方として，地域銀行，信用金庫，信用組合の市場・状況を整理した。「店舗の統廃合」と「健全な競争」が重要なキーワードとなり，本文で論じた。筆者（飯塚）は，地域金融機関が健全経営を行い，地域とともに持続的に成長・発展していくためには，適正で健全な市場（必要とされる金融機関（だけ）が，適正な規模で存続できる市場）の創造が必要と考えている。地域金融機関の協働の取り組み，長野県および金融当局との適切な関係構築，支援の重要性について述べた。

　第3章「金融リテラシーの基礎・展開」は，第2章で述べた，地域金融機関

の変革が進むなか，より良い金融環境を築き，安全で安心な経済生活を送るために必須となる「金融リテラシー」について基礎をコンパクトに整理し，考え方を解説し展開できるよう述べた。第2章で述べた，長野県版金融リテラシーの習得の前段階（基礎的知識）として，本章を正しく理解することが求められる。米国・欧州の金融制度やFP業務と比較し，最新のデータを用いており，アップデート版としても十分な内容である。日本の経済・金融・FP，金融取引の基本を概説し，特に学生と高齢者に向けて金融リテラシーの重要事項について解説した。本文は4本のコラムも含め，将来の経済生活において大いにヒントとなるものである。

　本書から，現在の金融環境を把握し，地域金融機関の将来の在り方を認識・理解し，金融リテラシーの基礎を習得していただきたいと考えている。全体を通して読むことで，金融に関する実践的な知識が習得でき，金融論，地域金融に関する理解が深まる内容としている。また，地域金融機関で働く方は，金融業務の参考にしていただき，地域金融機関の市場の状況と将来の在り方について考察していただきたい。

　本調査の結果は，県内各金融機関（八十二銀行，長野銀行，上田信用金庫，長野信用金庫，松本信用金庫，諏訪信用金庫，アルプス中央信用金庫，飯田信用金庫，長野県信用組合），財務省関東財務局，日本銀行松本支店，長野県にフィードバックした。金融機関には対面でフィードバックを実施し，金融調査の結果をお伝えし，この結果に基づく提案を行い，話し合いを実行した。金融機関の対応は温度差がありさまざまであった。全体的には，調査結果および提案に対して真摯に受け入れていただき，提案を経営計画に加えていただいた先もあった。金融機関へのフィードバックが，地域銀行1行（八十二長野銀行）時代，健全な競争を行い総合力と顧客満足度を高め，県内の金融環境を向上させることを期待している。また，金融当局，長野県へのフィードバックが，金融環境の向上に寄与する的確な施策に結実することを期待している。

　本書が，読者のみなさまのお役に立ち，地域金融機関の在り方の一方策として参考にしていただけることを，執筆者一同，願っている。

資料編

資料1 「長野県内金融機関に関する県民意識調査」調査票

「長野県内金融機関に関する県民意識調査」調査票

<ご回答に際してのお願い>
◇ 封筒の宛名に書かれたご本人様のご回答をお願い致します。
◇ ご回答は，右端の枠の中に該当する番号をご記入いただくものと，選択肢番号に○を付けていただくものがあります。
◇ ご回答の内容によって，質問をとばしていただく場合があります。
その場合は，指示に従ってお進みください。
◇ 「その他」に該当する場合は，（　）の中に具体的内容をご記入ください。

1．メインバンクとの関係について

問1　預貯金口座をお持ちの金融機関のうち，あなたが，最も頻繁にお使いになる金融機関（以下，「メインバンク」と表記します）をお答えください。

① 八十二銀行　　　　⑩ 松本信用金庫
② 長野銀行　　　　　⑪ 諏訪信用金庫
③ ゆうちょ銀行　　　⑫ アルプス中央信用金庫
④ みずほ銀行　　　　⑬ 飯田信用金庫
⑤ 三井住友銀行　　　⑭ 長野県労働金庫（ろうきん）

⑥　りそな銀行　　　　　　⑮　長野県信用組合（けんしん）
⑦　ネット専業銀行※　　　 ⑯　JAバンク（農協）
⑧　長野信用金庫　　　　　⑰　その他（　　　　　　　　）
⑨　上田信用金庫
　　　　　　　　　　　　　※ PayPay銀行，セブン銀行，ソニー銀行，
　　　　　　　　　　　　　　楽天銀行など

問2　あなたが現在，メインバンク（関連会社含む）で利用しているサービスは何ですか。あてはまるものをすべてお答えください。
（該当する番号の左側に○を付けてください）

　①　給与振込　　　　　　⑧　iDeCo（個人型確定拠出年金）
　②　年金振込　　　　　　⑨　NISA（少額投資非課税制度）※1
　③　カードローン　　　　⑩　生命保険（終身・個人年金など）
　④　住宅ローン　　　　　⑪　医療保険（がん・傷害など）
　⑤　オートローン　　　　⑫　損害保険（火災・自動車など）
　⑥　教育ローン　　　　　⑬　インターネットバンキング※2
　⑦　投資信託　　　　　　⑭　クレジットカード

※1 つみたてNISA含む
※2 金融機関公式アプリ含む

問3　メインバンクに対する満足度はいかがですか。
　①　満足している
　②　まあ満足している
　③　あまり満足していない
　④　満足していない

（次の問 4，5 は，問 3 のお答えにかかわらず全員の方にお尋ねします）
問4　満足している点について，あてはまるものをすべてお答えください。

　　（該当する番号の左側に〇を付けてください）

- [ ] ①　ATM の利便性が高い
- [ ] ②　ウェブサイトでの取引が便利で使いやすい
- [ ] ③　アプリでの取引が便利で使いやすい
- [ ] ④　店舗が多く身近な場所にある
- [ ] ⑤　店舗の雰囲気が良く入りやすい
- [ ] ⑥　店舗内窓口での待ち時間が短い
- [ ] ⑦　行員・職員の対応が良い
- [ ] ⑧　商品・サービスの種類が豊富
- [ ] ⑨　商品・サービスの質が高い
- [ ] ⑩　取引のセキュリティが高い
- [ ] ⑪　事務手続きが簡単である
- [ ] ⑫　金利が有利である
- [ ] ⑬　手数料が有利である
- [ ] ⑭　地域社会の発展に貢献している
- [ ] ⑮　地域の生活に密着している
- [ ] ⑯　経営が健全である
- [ ] ⑰　イメージが良い
- [ ] ⑱　規模が大きくて安心できる
- [ ] ⑲　給与振込など会社関係の口座として使える
- [ ] ⑳　授業料の振込など学校関係の口座として使える
- [ ] ㉑　社会貢献に参画している
- [ ] ㉒　高齢者や障害者にとって使いやすい
- [ ] ㉓　IT や新技術を取り入れたサービスを提供している
- [ ] ㉔　顧客重視である
- [ ] ㉕　SDGs など持続可能な社会の実現に貢献している

- [ ] ㉖ その他（　　　　　　　　　　　　　　　　　）

（全員の方にお尋ねします）

問5　では，満足していない点について，あてはまるものをすべてお答えください。（該当する番号の左側に○を付けてください）

- [ ] ① ATMが不便
- [ ] ② ウェブサイトでの取引が不便で使いづらい
- [ ] ③ アプリでの取引が不便で使いづらい
- [ ] ④ 店舗が少なく身近な場所にはない
- [ ] ⑤ 店舗の雰囲気が悪く入りづらい
- [ ] ⑥ 店舗内窓口での待ち時間が長い
- [ ] ⑦ 行員・職員の対応が悪い
- [ ] ⑧ 商品・サービスの種類が少ない
- [ ] ⑨ 商品・サービスの質が低い
- [ ] ⑩ 取引のセキュリティが低い
- [ ] ⑪ 事務手続きが複雑である
- [ ] ⑫ 金利が有利ではない
- [ ] ⑬ 手数料が有利ではない
- [ ] ⑭ 地域社会の発展に貢献していない
- [ ] ⑮ 地域の生活に密着していない
- [ ] ⑯ 経営が健全ではない
- [ ] ⑰ イメージが良くない
- [ ] ⑱ 規模が小さく安心できない
- [ ] ⑲ 給与振込など会社関係の口座として使えない
- [ ] ⑳ 授業料の振込など学校関係の口座として使えない
- [ ] ㉑ 社会貢献に参画していない
- [ ] ㉒ 高齢者や障害者にとって使いづらい
- [ ] ㉓ ITや新技術を取り入れたサービスを提供していない

- ㉔ 顧客重視ではない
- ㉕ SDGs など持続可能な社会の実現に貢献していない
- ㉖ その他（　　　　　　　　　　　　　）

（全員の方にお尋ねします）

問6　住宅ローンについてお尋ねします。あなたは，住宅ローンをご利用したことがありますか。あるいは現在，ご利用していますか。
- ①　利用したことがある・現在利用している　➡　問7，8，9へ
- ②　利用したことがない　➡　問9へ

問7　（問6で「①　利用したことがある・現在利用している」とお答えの方にお尋ねします）ご利用状況をお答えください。
- ①　現在，メインバンクの住宅ローンを利用している
- ②　現在，メインバンク以外の住宅ローンを利用している
- ③　過去にメインバンクの住宅ローンを利用していたが完済した
- ④　過去にメインバンク以外の住宅ローンを利用していたが完済した

問8　（問6で「①　利用したことがある・現在利用している」とお答えの方にお尋ねします）利用している（いた）住宅ローンの全体的な満足度は，いかがですか。
- ①　満足している
- ②　まあ満足している
- ③　あまり満足していない
- ④　満足していない

（次の問９は，問６のお答えにかかわらず全員の方にお尋ねします）

問９　住宅ローンのご利用にあたって，金融機関から提供してほしい（かった）情報やアドバイスなどがありましたら，ご記入ください。ご利用したことがない方も，提供してほしい情報やアドバイスなどがありましたら，ご記入ください。

（全員の方にお尋ねします）

問10　投資信託についてお尋ねします。あなたは，投資信託を購入したことがありますか。

　　　①　ある　➡　問11，12，14へ
　　　②　ない　➡　問13，14へ

問11　（問10で「①　ある」とお答えの方にお尋ねします）
　　　購入の方法をお答えください。

　　　①　iDeCoを活用して購入
　　　②　NISA（つみたてNISA含む）を活用して購入
　　　③　iDeCoとNISAを両方活用して購入
　　　④　iDeCoやNISAを活用せず購入

問12　（問10で「①　ある」とお答えの方にお尋ねします）
　　　販売担当者の説明に対する満足度はいかがですか。

　　　①　満足している
　　　②　まあ満足している

③　あまり満足していない
④　満足していない

問13　(問10で「②　ない」とお答えの方にお尋ねします)
　　　投資信託を購入したことがない理由は何ですか。あてはまるものをすべてお答えください。(該当する番号の左側に〇を付けてください)
　　　□　①　投資の知識がない
　　　□　②　そもそも興味がない
　　　□　③　損をしそうで怖い
　　　□　④　まとまった資金がない
　　　□　⑤　元本保証がない
　　　□　⑥　投資信託の仕組みがよくわからない
　　　□　⑦　手数料など費用が高い
　　　□　⑧　なんとなく機会がなかった
　　　□　⑨　その他（　　　　　　　　　　　　　　　　　　　）

(次の問14は，問10のお答えにかかわらず全員の方にお尋ねします)
問14　購入にあたって，金融機関から提供してほしい (かった) 情報やアドバイスなどがありましたら，ご記入ください。購入したことがない方も，提供してほしい情報やアドバイスなどがありましたら，ご記入ください。

（全員の方にお尋ねします）

問15　保険商品（生命保険，医療保険，損害保険など）についてお尋ねします。ご加入状況をお答えください。
　　① 現在，メインバンクを通して加入している
　　② 現在，メインバンク以外を通して加入している
　　③ 過去にメインバンクを通して加入していたが解約し，現在は保険商品には加入していない
　　④ 過去にメインバンク以外を通して加入していたが解約し，現在は保険商品には加入していない
　　⑤ 保険商品自体に加入したことがない

問16　あなたが，ライフステージに応じた資金の備えや，老後に向けた資産形成について，最初に相談したいと思う相手は，次のうちどれですか。
　　① メインバンクの担当者
　　② メインバンク以外の金融機関
　　　（ネット専業の銀行や証券会社なども含む）
　　③ 金融機関以外の専門家
　　　（ファイナンシャル・プランナーや保険代理店など）
　　④ 家族や友人
　　⑤ その他（　　　　　　　　　　　　　　　　　　　）

問17　前問（問16）で，お答えいただいた内容について，その理由をご記入ください。

問18　あなたは今後も，メインバンクと取引を続けていきたいと思いますか。
　　　① メインバンクのみと取引を続けていきたい
　　　② メインバンクを主体として，複数の金融機関と取引を続けていきたい
　　　③ 複数の金融機関と同程度に取引を続けていきたい
　　　④ 現在のメインバンクを変更したい

問19　メインバンクに対するご要望などがありましたら，自由にご記入ください。

２．地域金融機関の展望について

問20　あなたは，金融機関の店舗窓口を，どのくらいご利用されますか。
　　　① ほぼ毎日　　　　　　　　⑥ ２～３か月に１回くらい
　　　② 週に３回くらい　　　　　⑦ 半年に１回くらい
　　　③ 週に１回くらい　　　　　⑧ １年に１回くらい
　　　④ ２～３週間に１回くらい　⑨ それ以下
　　　⑤ 月に１回くらい

問21　あなたは，インターネットバンキング・サービスを利用していますか。
　　　① 利用している　　➡　問22，24へ
　　　② 利用していない　➡　問23，24へ

問22　(問21で「①　利用している」とお答えの方にお尋ねします)
　　　ご利用状況をお答えください。
　　　　① インターネットバンキング・サービスで可能なほとんどの取引について利用している
　　　　② 窓口・ATM よりもインターネットバンキング・サービスを利用することのほうが多い
　　　　③ インターネットバンキング・サービスよりも窓口・ATM を利用することの方が多い

問23　(問21で「②　利用していない」とお答えの方にお尋ねします)
　　　利用していない理由は何ですか。あてはまるものをすべてお答えください。
　　（該当する番号の左側に○を付けてください）
　　　　① インターネットで取引することにセキュリティ面で不安を感じる
　　　　② 必要性を感じない
　　　　③ 申込手続きが煩雑そうで面倒
　　　　④ パスワードなどの設定が面倒
　　　　⑤ 確実に取引できているか不安
　　　　⑥ 店舗・ATM で取引した方が便利
　　　　⑦ その他（　　　　　　　　　　　　　　　　　　　　　　）

(全員の方にお尋ねします)
問24　あなたは日常生活の中で，現金と現金以外の方法※による決済（支払い）の割合（回数）はどれくらいですか。
　　　　① ほとんど現金
　　　　② 現金が8割以上
　　　　③ 現金が6割以上
　　　　④ 現金と現金以外がほぼ同じ（5割程度）

⑤ 現金以外が6割以上
⑥ 現金以外が8割以上
⑦ ほとんど現金以外

※クレジットカード，電子マネー，QR・バーコードなど

問25 あなたが，今後の地域金融機関（地方銀行・信用金庫・信用組合）に期待していることは何ですか。あてはまるものをすべてお答えください。
（該当する番号の左側に○を付けてください）

- ① 窓口の待ち時間の短縮
- ② 金融犯罪の防止策・対応
- ③ 金融トラブル発生時の対応
- ④ より便利な決済サービス
- ⑤ 営業時間の延長
- ⑥ 商品の購入・口座開設の窓口対応
- ⑦ 駐車場などの施設の休日解放
- ⑧ 店舗の増設
- ⑨ 資産運用などのアドバイス
- ⑩ 金融に関する消費者教育
- ⑪ 環境問題への対応
- ⑫ 社会貢献活動
- ⑬ 金融リテラシー（金融・経済に関する知識や判断力）についての教育
- ⑭ その他（　　　　　　　　　　　　　）
- ⑮ 特にない

問26　地域金融機関に対するご要望などがありましたら，自由にご記入ください。

```
┌─────────────────────────────┐
│                             │
│                             │
│                             │
└─────────────────────────────┘
```

3．八十二銀行と長野銀行の経営統合について

問27　あなたは，八十二銀行と長野銀行が 2025 年を目途に合併を目指していることをご存じですか。
　　　① よく知っていて関心を寄せていた
　　　② 知ってはいたが関心はあまりない
　　　③ 知らなかった

問28　あなたが，両行の合併に対して期待する点は何ですか。あてはまるものをすべてお答えください。(該当する番号の左側に○を付けてください)
　　　① 経営の安定・強化
　　　② 事業領域の拡大
　　　③ 地域経済・地域産業の発展
　　　④ くらしの質の向上
　　　⑤ 利便性の向上
　　　⑥ サービスの維持
　　　⑦ 課題解決力の向上
　　　⑧ その他（　　　　　　　　　　　　　　　　）
　　　⑨ 特に期待できない

問29　では，両行の合併に対して不安な点は何ですか。あてはまるものをすべてお答えください。（該当する番号の左側に○を付けてください）
　　　☐　①　経営の弱体化
　　　☐　②　店舗やATMの統廃合による利便性の低下
　　　☐　③　サービスの低下
　　　☐　④　課題解決力の低下
　　　☐　⑤　借入が難しくなる
　　　☐　⑥　行員との接点が減る
　　　☐　⑦　競争環境の低下（選択肢が狭まる）
　　　☐　⑧　システムの不具合
　　　☐　⑨　既存従業員の雇用問題
　　　☐　⑩　その他（　　　　　　　　　　　　　　　　　　　　　）
　　　☐　⑪　特に不安な点はない

問30　あなたは，この合併が，両行に与える影響について，どう思いますか。
　　　①　両行にとってメリットがある
　　　②　八十二銀行にとってはメリットがある
　　　③　長野銀行にとってはメリットがある
　　　④　両行にとってメリットはない
　　　⑤　何とも言えない・わからない　　　　　　　　　　　　☐

問31　あなたは，この合併が，両行の顧客に与える影響について，どう思いますか。
　　　①　両行の顧客にとってメリットがある
　　　②　八十二銀行の顧客にとってはメリットがある
　　　③　長野銀行の顧客にとってはメリットがある
　　　④　両行の顧客にとってメリットはない
　　　⑤　何とも言えない・わからない　　　　　　　　　　　　☐

問32　あなたは，この合併が，あなたに与える影響について，どう思いますか。
　　①　良い影響がある
　　②　影響はほとんどない
　　③　悪い影響がある
　　④　まだわからない

問33　あなたは，この合併が，長野県の経済に与える影響について，どう思いますか。
　　①　良い影響がある
　　②　影響はほとんどない
　　③　悪い影響がある
　　④　まだわからない

問34　あなたは，この合併について，どのような情報を知りたいですか。あてはまるものをすべてお答えください。
　　（該当する番号の左側に○を付けてください）
　　　①　経営方針
　　　②　融資方針
　　　③　店舗やATMの統廃合計画
　　　④　人員に関する計画（配置・採用・削減）
　　　⑤　各種手数料の変更
　　　⑥　商品・サービスの変更
　　　⑦　現在の通帳やキャッシュカードの取り扱い
　　　⑧　システムに不具合が発生した時の対応策
　　　⑨　その他（　　　　　　　　　　　　　　　）

問35　あなたは，両行が示した実施施策のうち「距離で10Km・車で15分圏内に近隣店舗がない場合には店舗を維持する」という基本方針について，どう思いますか。
　　　① とても安心した
　　　② その通りになるか不安
　　　③ 距離・圏内をもっと狭くするべき
　　　④ 距離・圏内をもっと広げるべき

問36　あなたは，両行の合併後，信用金庫や信用組合を利用する機会は増えると思いますか。
　　　① 信用金庫を利用する機会が増えると思う
　　　② 長野県信用組合（けんしん）を利用する機会が増えると思う
　　　③ 信用金庫，長野県信用組合（けんしん）を利用する機会が増えると思う
　　　④ 以前と変わらない

問37　両行の合併について，ご意見などありましたら，自由にご記入ください。

4．金融リテラシーについて

問38　あなたは，金融リテラシー[※]が高いと思いますか。
　　　① 高いと思う
　　　② まあ高いと思う
　　　③ あまり高くないと思う

④ 低いと思う
⑤ 何とも言えない・わからない

> ※金融リテラシーとは，例えば「金融商品のリスクとリターンを理解した上で購入の判断をすることができる」といった，金融や経済に関する知識や判断力などをいいます。
> 「金融リテラシーが高い」＝「知識や判断力がある」ということになります。

問39 では，あなたは，金融リテラシーを主体的に身に付けていきたいと思いますか。
① 身に付けたいと強く思う
② 機会があれば身に付けたいと思う
③ あまり必要ないと思う
④ まったく必要ないと思う

資料2　住宅ローンの利用に関し，金融機関から提供してほしい（かった）情報やアドバイス　自由記述

問9　住宅ローンのご利用にあたって，金融機関から提供してほしい（かった）情報やアドバイスなどがありましたら，ご記入ください。ご利用したことがない方も，提供してほしい情報やアドバイスなどがありましたら，ご記入ください			
条件によって金利条件が変わるが，ケースが複雑なため，どのプランを選べば自分にとって有利になるのか，アドバイスがほしかった	男性	18〜29歳	会社員・団体職員
現在の情報がすべて信用できない。信用できる情報が分かる方法を考えて下さい。例えば，デジタル化をやめるなど	男性	18〜29歳	無職
審査を通るのに必要な，ある程度の情報	男性	18〜29歳	その他
金利をもっと安くしてほしい	女性	18〜29歳	会社員・団体職員
利用する際，分かりやすくまとめた資料がほしい	男性	30〜39歳	会社員・団体職員
最低金利で長期返済できる方法	男性	30〜39歳	自営業
メリットやデメリットをきちんと説明してほしい	男性	30〜39歳	無職
他金融機関との比較	女性	30〜39歳	会社員・団体職員
初心者向けに図などを多く使って解説したものがまず欲しい。メリットとデメリット，収入などの条件に見合ったプランをわかりやすく出してほしい	女性	30〜39歳	会社員・団体職員
金利システムについて。変動金利と固定金利の違いなど，初心者には分かりづらい	女性	30〜39歳	パート・アルバイト
生活に負担がかからない方法を考えてほしい	女性	30〜39歳	パート・アルバイト
固定金利と変動金利の違い	女性	30〜39歳	パート・アルバイト
現在，変動金利型を勧めてくるが，固定型のメリット・デメリットも伝えた上で，借りる人にあったものを提供してほしい	女性	30〜39歳	パート・アルバイト
住宅ローンを利用して下さいと言われ，リフォームするために銀行へ行ったら断られた。個人事業主，役員には貸してくれない。審査が厳しすぎる。はじめから言ってくれれば待つこともなかった	男性	40〜49歳	経営者・役員
住宅控除が受けられなくなった。10年。借り換えを考えたが，営業がへぼかった	男性	40〜49歳	経営者・役員
他金融機関と比較してのメリット，デメリット	男性	40〜49歳	会社員・団体職員
金利の種類，総支払額の差について。団信の種類，メリット，デメリットを正確に明示してほしい	男性	40〜49歳	会社員・団体職員
変動金利の状況（見通し含め）	男性	40〜49歳	会社員・団体職員

金利について。安くなる方法など	男性	40～49歳	会社員・団体職員
現在，10年固定ローンをしているが，切り替え近くなったら，いろいろなパターンを詳しく教えてほしい	男性	40～49歳	会社員・団体職員
予定がないので考えられないが，使える範囲が知りたい。例えば，家具や家電にも使えるのかなど	男性	40～49歳	会社員・団体職員
金利の動向	男性	40～49歳	会社員・団体職員
内的，外的リスクをもっと詳細に	男性	40～49歳	自営業
ローンを組むメリットとデメリットの案内	男性	40～49歳	その他
住宅ローンを組むにあたり，ローン返済で選べる銀行が2行しかない（八十二銀行，長野銀行）。両行とも近くになく，手続きなどのために1時間近くかけて行かなければならない（もっと銀行を選べたら，近所の銀行にしたのに）	女性	40～49歳	会社員・団体職員
乗り換え時期の提案	女性	40～49歳	会社員・団体職員
利用する予定もないので，いまいち浮かびませんが，自分の理想とする家を建てるには，月々どのくらいのローンで済むのか知りたい	女性	40～49歳	専業主婦・主夫
シミュレーション（〇年後は毎月いくらの返済額になるか等）	女性	40～49歳	パート・アルバイト
契約している住宅ローンと借り換えにおける諸経費も含めて提案	女性	40～49歳	パート・アルバイト
長期返済になるので，どんな世の中になっているか。これまでのような良い年が続けば気持ちも楽ですが	男性	50～59歳	会社員・団体職員
金利が安くなるのに，何も教えてくれず，今のメインバンクにした	男性	50～59歳	会社員・団体職員
なかなか審査が厳しいので，ローンの利用がしにくい	男性	50～59歳	会社員・団体職員
他銀行との比較	男性	50～59歳	会社員・団体職員
こちらの為になる情報がほしい。なにかは，分からないけど	男性	50～59歳	会社員・団体職員
借り換えなど，利用者に有利な情報	男性	50～59歳	公務員
何事もそうだが，金融機関は自分の有利な情報しか言わない。お客はマイナスの情報こそ知りたいと思っているはず。嘘を言わず，不利な情報を言える銀行であってほしいと思う	男性	50～59歳	無職
現在，夫名義で住宅ローンを利用している。途中でアドバイスをもらったり，満足しています	女性	50～59歳	経営者・役員
無理のない返済プラン	女性	50～59歳	経営者・役員
変動と固定金利のメリット，デメリット説明（将来に渡っての）	女性	50～59歳	経営者・役員
金利が安い，繰り上げ返済の手数料がかからないなど，こちらの得なる情報を教えてほしい	女性	50～59歳	会社員・団体職員
顧客の立場に合った情報を提供してほしい。以前，借りた時は寄り添った対応ではなかったように感じました	女性	50～59歳	会社員・団体職員

内容	性別	年齢	職業
どのくらいの金額が可能か，金利はどうか，病気等で返済が困難になってしまった場合の対処法など	女性	50～59歳	会社員・団体職員
金利の変動などがあった場合，借り換えのタイミングやアドバイスがほしい	女性	50～59歳	会社員・団体職員
現在，賃貸の店舗兼住居（2F）で生活しています。夫婦の年齢は夫75歳，私55歳。あと数年，営業するとしますが未定。私の実家は県外で母が住んでおりますが，家・土地は私が相続してあります。長野市内で中古平屋を購入したい希望はありますが，県外の実家はいずれ売却予定です。このような状況でローンを考える必要があるかどうか，その時が来たらお伺いしたいと思っています	女性	50～59歳	自営業
返済方法の種類を多くシミュレーションしてほしい（途中で替える場合など）	女性	50～59歳	パート・アルバイト
住宅ローンを利用しているが，27年前の金利が高い時に，固定金利で借りてしまい，かなり高い利息を支払い続けた	女性	50～59歳	パート・アルバイト
金利変動の連絡，情勢など	女性	50～59歳	パート・アルバイト
店内POPなどの表示	女性	50～59歳	パート・アルバイト
繰り上げ返済についてアドバイスしてほしかった（家族が利用しているため）	女性	50～59歳	パート・アルバイト
返済期間と金利。繰り上げ返済について	男性	60～69歳	会社員・団体職員
住宅ローンを申し込む時に，固定金利・変動金利の詳しいシミュレーションを行うべきだと思います	男性	60～69歳	会社員・団体職員
年1回でもよいので，残金や今までいくら返したのかの情報がほしい	男性	60～69歳	会社員・団体職員
お客様に対して，有利になる点についての説明。担当職員の変更による説明不足が起きる	男性	60～69歳	公務員
利用するにあたって，借り方による長所や短所の比較	男性	60～69歳	公務員
行員の対応が悪かった	男性	60～69歳	自営業
利率の情報	男性	60～69歳	自営業
・金利の動向 ・固定・変動金利の有利と不利について	男性	60～69歳	パート・アルバイト
住宅ローンの返済について相談した時，支店では丁寧に対応していただいたが，本店では酷い対応を受けた。返済額を少なくしてほしいと言ったところ，「競売しろ」と言われた。ラジオのCMとは違っていた	男性	60～69歳	パート・アルバイト
定期的（1～2カ月ごと）に残り支払額の表を送ってほしい	男性	60～69歳	パート・アルバイト
就労可能年数を超える長期のローンはするべきではない（例えば，40歳の時に35年の住宅ローンを組ませる金融機関があるが，明らかに不当な貸付だ）	男性	60～69歳	無職

無職，年齢制限などせず，例えば家族連名の上での信用貸しをしてほしい（保証人付け）。もちろん裏付けを取ってからの判断をするでしょうから	男性	60～69歳	無職
メリット・デメリットの両方の説明	男性	60～69歳	無職
他金融機関の金利の方が有利なため，借り替えに行った時，そこで金利を他金融機関に合わせた。もっと前に情報がほしかった	男性	60～69歳	無職
ローンの組み替え	男性	60～69歳	その他
早めに完済する方法など	男性	60～69歳	その他
金利が下がったら教えてほしい	女性	60～69歳	経営者・役員
ローンにより，家計への負担がありますが，無理なく支払い続けられるように，相談できるものなのでしょうか	女性	60～69歳	会社員・団体職員
金利のアドバイス	女性	60～69歳	会社員・団体職員
住宅ローンの返済時，金利の変動があっても，アドバイスがないままだった	女性	60～69歳	自営業
建築予定地の近隣情報	女性	60～69歳	専業主婦・主夫
金利（利息分）の違いを教えてほしかった	女性	60～69歳	専業主婦・主夫
借り替えたのですが，その時，ライフプランナーのようなアドバイスがほしかった。退職したら，どのくらいの年金だから，現役の時，どうしておけば良かったのか。定年後10年間ローンが残っていたので	女性	60～69歳	専業主婦・主夫
優しい言葉で詳しく説明してほしい	女性	60～69歳	パート・アルバイト
変動金利と固定金利，どちらが有利か情報がほしい	女性	60～69歳	パート・アルバイト
ローンの早期返済のメリット	女性	60～69歳	パート・アルバイト
夫が利用した。その際，金利の変動・固定について，もう少し詳しい説明がほしかった	女性	60～69歳	パート・アルバイト
金利の変動	女性	60～69歳	パート・アルバイト
だいぶ前，連れ合いが住宅ローンを固定金利で利用した。数年後，かなり金利が下がったのに，何の情報もなく，高いまま借り続けてしまった	女性	60～69歳	無職
現在の収入に対して適切な融資額の提案をしてほしい	女性	60～69歳	無職
いろいろな選択の説明（アドバイス）がほしかった	男性	70～79歳	会社員・団体職員
返済表の提示があったら良いと思う	男性	70～79歳	会社員・団体職員
金利，年数等，詳細に	男性	70～79歳	自営業
土日祝日での「ローン相談日」を実施してほしい	男性	70～79歳	無職
より有利な支払い利息などへの組み替えアドバイス	男性	70～79歳	無職
金利の詳しい情報がほしい	男性	70～79歳	無職
前倒しと通常の支払いの違い（有利性）の説明がほしい	男性	70～79歳	無職

返済期間についての情報	男性	70～79歳	無職
友人が住宅ローンを借りたが，利息が高かったのでJAのローンに替えた	男性	70～79歳	無職
住宅建築にあたり，金融機関との関わりは全く必要としなかった	女性	70～79歳	専業主婦・主夫
税に関すること	女性	70～79歳	専業主婦・主夫
住宅ローン金利の変化を教えていただきたい	女性	70～79歳	専業主婦・主夫
長い間に金利が変わる場合，自分で申し出ないとそのままで損をしてしまうことがある。金融機関の方から知らせる親切さがほしい	女性	70～79歳	専業主婦・主夫
金利が変わった時や収入が減った時など，環境が変化した時の的確なアドバイス	女性	70～79歳	専業主婦・主夫
前に住宅金融公庫から借りていた。最後の方で金利が有利なものに切り替えた	女性	70～79歳	専業主婦・主夫
融資をお願いした時の行員の態度が悪かった	女性	70～79歳	パート・アルバイト
金利の情報	女性	70～79歳	無職
金利変動のローンにしていて，担当者からグッドタイミングのアドバイスをもらい，苦しい時期を乗り越えられて助かった	女性	70～79歳	無職
金利が安くなったのに，速やかな情報提供がなかった	女性	70～79歳	無職
支払い形態の変更をしたい。金利が高い	女性	70～79歳	その他

資料3　投資信託の購入に関し，金融機関から提供してほしい（かった）情報やアドバイス　自由記述

問14　投資信託の購入にあたって，金融機関から提供してほしい（かった）情報やアドバイスなどがありましたら，ご記入ください。購入したことがない方も，提供してほしい情報やアドバイスなどがありましたら，ご記入ください			
iDeCoとNISAの違いはなんとなく分かるが，自分に合っているのはどちらなのかといった情報がほしい。メリット，デメリットが比較され，まとまっていると認識しやすい	男性	18～29歳	会社員・団体職員
利用者の使っているサービスの傾向など	男性	18～29歳	会社員・団体職員
情報漏洩をした時，誰が責任を取ってくれるのか教えてほしい	男性	18～29歳	無職
投資信託で損を減らす行動	男性	18～29歳	その他
初心者でも分かりやすい説明や始めたくなるような魅力を知りたい	女性	18～29歳	会社員・団体職員
安全性，リスク等の説明	女性	18～29歳	会社員・団体職員
始め方	女性	18～29歳	会社員・団体職員
超初心者向けの説明を，スマホ等で簡単に見たい	女性	18～29歳	学生
NISAの分かりやすい説明書（手引書）があれば，より抵抗なくやろうと思った	男性	30～39歳	経営者・役員
説明会などやってほしい（休日）。やっていたとしても知らない。もっとハードルを下げてほしい	男性	30～39歳	会社員・団体職員
初心者講座	男性	30～39歳	会社員・団体職員
リスクについて	男性	30～39歳	会社員・団体職員
インターネット上に情報が十分あるので，対面でアドバイスを得る必要がない	男性	30～39歳	自営業
メリット・デメリットの説明と資金の流れ	男性	30～39歳	無職
今はこれが良いなどの具体的なアドバイス	女性	30～39歳	会社員・団体職員
インターネットバンキングで情報提供をしてほしい（していて，自分が見ていなかったらすみません）	女性	30～39歳	会社員・団体職員
投資信託がよくわからないので，分かりやすく説明してほしい	女性	30～39歳	専業主婦・主夫
投資をこれからしたいとは考えているが，月々にまとまった額を振り込めるかが不安で（子どもの養育費などがかかる），なかなか始められない。子育て中でも安心してできる投資などを情報提供してもらいたい	女性	30～39歳	パート・アルバイト

内容	性別	年齢	職業
スタートする際の基本的な情報を優しく分かりやすく教えてもらいたい（具体的なメリットなど）	女性	30～39歳	パート・アルバイト
知識がないので，どんな仕組みなのか細かくボードで説明したり，講習会などがあれば良いと思う	女性	30～39歳	パート・アルバイト
様々な種類の比較。手数料，解約時の説明	女性	30～39歳	パート・アルバイト
ネットで活用しているので，自分で情報を集めなければならない点は面倒です	女性	30～39歳	パート・アルバイト
信頼性，利便性	女性	30～39歳	パート・アルバイト
今後の見通しとしての有益性	男性	40～49歳	会社員・団体職員
投信はインターネット証券を利用している。初めての時は，何が分からないかが分からず，全てが不安。講習会，質疑応答できるような機会がほしい（有料でもよい）	男性	40～49歳	会社員・団体職員
現在の情報で満足だが，もっと基本的な商品の解説があっても良いと思う	男性	40～49歳	会社員・団体職員
土日の窓口対応があれば相談してみたい。平日は仕事で行けない	男性	40～49歳	会社員・団体職員
購入後のアドバイス	男性	40～49歳	会社員・団体職員
非対人で手数料が安い点に満足し，自身で選択しました	男性	40～49歳	会社員・団体職員
結局は自己責任というものの，損益を過小評価することの違和感	男性	40～49歳	公務員
内的，外的リスクを忖度なしに	男性	40～49歳	自営業
手数料の詳細な説明	男性	40～49歳	その他
解約タイミングのメリット，デメリット	女性	40～49歳	会社員・団体職員
不明で怖い	女性	40～49歳	会社員・団体職員
よく分からないので，丁寧な説明がほしい	女性	40～49歳	公務員
現在の自分の生活や将来設計を踏まえた上で，最適なプランや商品を紹介してほしい	女性	40～49歳	公務員
何歳から出来るのかや，リスクなどについて　もう少しわかりやすく知りたい	女性	40～49歳	自営業
何がなんだか分からないので，ほしい情報も分からない	女性	40～49歳	自営業
そもそも投資信託が分からないので，一から説明してほしい	女性	40～49歳	専業主婦・主夫
仕組みがよく分からないので，一から説明してもらえると嬉しい	女性	40～49歳	パート・アルバイト
小額から投資でき，分かりやすい導入手引きがほしい	女性	40～49歳	パート・アルバイト
有利な情報（利益がある情報）がほしい	女性	40～49歳	パート・アルバイト
リスクのことをもっと伝えるべきである。目先で少し上がったくらいで，大きなリスクを話していないのでは	男性	50～59歳	会社員・団体職員
利回り，元本確保を分かりやすく	男性	50～59歳	会社員・団体職員

誰にでも分かりやすくしてほしい	男性	50〜59歳	会社員・団体職員
iDeCoなど説明は受けましたが，やはり損失が高いとアドバイスを受け，そのままです	男性	50〜59歳	会社員・団体職員
投資の基本などを教えてほしい	男性	50〜59歳	会社員・団体職員
知識がない人へ分かりやすい案内がほしい	男性	50〜59歳	会社員・団体職員
何をどのようにやったら良いのか	男性	50〜59歳	会社員・団体職員
こちらの為になる情報がほしい。なにか分からないけど	男性	50〜59歳	会社員・団体職員
少額の余裕資金を投資に活用しているため，外資・FXなど他の投資性金融商品の利回りなどの情報が必要	男性	50〜59歳	公務員
商品の紹介だけでなく，運用実績や手数料のことなど，もっと詳しい説明がほしかった。実際に購入してみると，とても運用実績の悪い商品でした	男性	50〜59歳	公務員
投資信託の始め方など	男性	50〜59歳	公務員
投資の将来性と他店との比較	男性	50〜59歳	公務員
ネット証券を使用しているため，独自で勉強し，運用しているので不便は感じていない	男性	50〜59歳	自営業
投資の知識がないです	男性	50〜59歳	パート・アルバイト
自分にとってはギャンブルと同じではと思っている（間違っているかもしれないが）。それ故，手を出したいとは思わない	男性	50〜59歳	無職
為替ヘッジについての説明を具体的にしてほしかった。海外のファンドもあるのかないのか。また，円高・円安での影響について説明してほしい	女性	50〜59歳	経営者・役員
自分の生活に合う商品	女性	50〜59歳	経営者・役員
楽天証券のネット申込みで，iDeCo，NISAを活用しました。手数料の安さやスマホから手軽に調べたりできる点が良かったです	女性	50〜59歳	会社員・団体職員
金利の良い商品やリスクの比較方法など教えてほしい	女性	50〜59歳	会社員・団体職員
その時に必要な情報とアドバイスはいただけたと思います	女性	50〜59歳	会社員・団体職員
NISAの利用法	女性	50〜59歳	会社員・団体職員
お得な商品	女性	50〜59歳	会社員・団体職員
いろいろアドバイスをしていただきましたが，自分の知識がなくて理解できなかった。分かりやすく教えていただけたら良かったです。ただ，親切に教えていただきましたこと有難いです	女性	50〜59歳	会社員・団体職員
話しを聞いて，あまり理解できなかったり，購入の決断ができなくても，再び話を聞く機会を得られる（購入の機会を得られる）	女性	50〜59歳	会社員・団体職員

世界の情勢の変化が激しすぎて，日々心配などしていられないので，おまかせのつもりのつみたてNISAをドル建て生保に一部分入れてあります。3ヵ月ごとに状況の報告をいただけているので（当初の説明通り）いいと思いますが，大きく米中関係やウクライナ情勢が変わった時などに臨時でいただければ，尚ありがたいです	女性	50～59歳	自営業
購入する商品の比較。メリット，デメリットを分かりやすく，具体的に説明してほしい	女性	50～59歳	専業主婦・主夫
・元本保証について ・投資信託の仕組みについて	女性	50～59歳	専業主婦・主夫
他金融機関との比較	女性	50～59歳	パート・アルバイト
手数料について詳しく説明してほしい	女性	50～59歳	パート・アルバイト
メリットだけでなくデメリットも，しっかり話をしてほしい	女性	50～59歳	パート・アルバイト
メリットはたくさんアピールされるが，デメリットもしっかり伝えるべきだと思う	女性	50～59歳	パート・アルバイト
投資信託の講座など，無料で開催してほしい。できれば土日で	女性	50～59歳	パート・アルバイト
仕組みなどもっと分かりやすい資料を送ってほしい	女性	50～59歳	パート・アルバイト
購入後の状況説明があまりなかったので，もう少し情報がほしかった	女性	50～59歳	パート・アルバイト
ネット検索で満足	女性	50～59歳	パート・アルバイト
誰もが分かるようにしてほしい	女性	50～59歳	パート・アルバイト
買う時だけ訪問し売り付け，後は忙しいとの理由で電話すらない	男性	60～69歳	経営者・役員
iDeCo，NISAのメリット，デメリット	男性	60～69歳	会社員・団体職員
専門用語や仕組みを分かりやすい言葉で説明がほしい	男性	60～69歳	会社員・団体職員
iDeCoやNISAの情報は提供してほしい	男性	60～69歳	会社員・団体職員
結果に対する見通しや，途中経過の説明	男性	60～69歳	公務員
投資の失敗例，成功例	男性	60～69歳	自営業
メリットとデメリット，実例など	男性	60～69歳	パート・アルバイト
今の情報で満足している	男性	60～69歳	パート・アルバイト
・リスクを正確に，且つ正直に説明すること ・お金に余裕のない人はやってはいけないこと	男性	60～69歳	無職
あまり興味はなかったが，職員さんの勧誘に負けた感じです	男性	60～69歳	無職
もっとリスクを教えてほしい	男性	60～69歳	無職
世界的動向の変化。特に元本割れなどの情報を予想される範囲で前もって示してほしい	男性	60～69歳	無職
実績，組み合わせの種類，マネージャー	男性	60～69歳	無職

損をする怖さが先に立ってしまうことで，購入できない．仕組みが分かりやすくなればいい	男性	60～69歳	その他
買い時を教えてほしい	女性	60～69歳	経営者・役員
投資信託の仕組み．儲かることだけでなく，損をすることも知る必要があると思うので，そこも丁寧に説明がほしい	女性	60～69歳	会社員・団体職員
証券会社（八十二）はお勧めが良い．銀行（八十二）は，勧めてくれたものがあまりメリットがない	女性	60～69歳	会社員・団体職員
最初だけでなく，継続的にフォローがほしい．過去に大損してしまったので	女性	60～69歳	会社員・団体職員
良い点のみの説明ばかりで信用できない	女性	60～69歳	自営業
購入した場合のリスク	女性	60～69歳	専業主婦・主夫
良いことばかりでなく，リスク面の説明をしてほしい	女性	60～69歳	専業主婦・主夫
損をしない．分かりやすいアドバイス	女性	60～69歳	専業主婦・主夫
・投資状況を詳しく報告してほしい ・専門的な形式の報告では分からない．不安になる	女性	60～69歳	専業主婦・主夫
初めて購入する時など配当の有無，どういう商品が自分に向いているのか，丁寧に説明して欲しい	女性	60～69歳	専業主婦・主夫
専門用語は使わず，優しい言葉で詳しく説明してほしい	女性	60～69歳	パート・アルバイト
初めての方は，男女問わず，仕組みがよく分からないと思います．説明する方は知識があるので，細かく説明しないように思います．そのため，分からないことが分からず，投資は難しいと考えてしまうと思います	女性	60～69歳	パート・アルバイト
郵便局で数年前に始めた夫の投資信託（円奏会）がコロナ禍を経て，マイナスのままであり，もう解約しようかと思っている．当時，円がこんなに弱くなることを予測できなかったのか．円より海外のものにしておけば良かったと後悔している．個人の責任の選択とはいえ，もう少し的確なアドバイスがほしかった	女性	60～69歳	パート・アルバイト
よく説明してもらっている	女性	60～69歳	パート・アルバイト
世界の状況，これからの予想等，過去のデータも含めて	女性	60～69歳	パート・アルバイト
投資信託について基本的情報などが学べる機会があれば参加してみたい	女性	60～69歳	パート・アルバイト
・手数料の発生するタイミング ・投資先の比率 ・売る時は申込の当日か翌日か ・過去10年間の変動	女性	60～69歳	無職
iDeCo，NISAの詳細な情報	男性	70～79歳	自営業
投資の期間と利息の関係	男性	70～79歳	無職
得する情報がほしい	男性	70～79歳	無職

投資先の変更の勧めが多く，担当者の転勤により，人間関係が薄れるのが残念	男性	70～79歳	無職
担当者は加入させるのが仕事だから	男性	70～79歳	無職
信用できる情報や偏らない情報がほしい	男性	70～79歳	無職
専門家でも予測出来ないもの（博打に近い）を相談しても意味がない。ほとんどの人は損をすることになっている。そうでないと，証券業や金融機関にいる人の収入がない	男性	70～79歳	無職
商品のマイナス面の課題	男性	70～79歳	その他
自身にも初めてのことであり，知識もなかったので，不明な点は，その都度アドバイスを受けた。ただ，投資信託は資産運用のためではなく，興味があっただけ	女性	70～79歳	専業主婦・主夫
NISAとの関係	女性	70～79歳	専業主婦・主夫
購入のチャンス時を教えてほしい。展望も説明してほしい	女性	70～79歳	専業主婦・主夫
説明が良かった	女性	70～79歳	専業主婦・主夫
・投資信託の費用（売買手数料その他）。パンフレットの説明だけでなく，内容を詳しく教えてほしい ・購入後フォローがなく，担当者が転勤すると引継ぎがないことが多い	女性	70～79歳	専業主婦・主夫
話を聞いた時は「なるほど」と思いますが，すぐ忘れてしまいます。時々，様子を話に来て，現在の様子を聞かせてほしいです	女性	70～79歳	専業主婦・主夫
書類は郵送されるが，あまり理解できないので，口頭での説明がほしい	女性	70～79歳	無職
超高齢者をみているので，投資できる余裕がない	女性	70～79歳	無職
知識がないので分からない	女性	70～79歳	無職
一回調べたことがあるが，リスクが怖い	女性	70～79歳	その他

資料4　メインバンクに対する要望　自由記述

問19　メインバンクに対するご要望などがありましたら，自由にご記入ください			
もっとスーパーやコンビニに広げてほしい	女性	18～29歳	会社員・団体職員
利息を高くするか手数料をなくしてほしい	女性	18～29歳	会社員・団体職員
ATMの利用時間を延ばしてほしい	女性	18～29歳	会社員・団体職員
今のサービスの継続	女性	18～29歳	会社員・団体職員
ネットでの履歴確認が分かりづらい為，もう少し改善して欲しい。	女性	18～29歳	自営業
人にもよるが，相談しやすい人とあまり話したくない人がいる	女性	18～29歳	学生
支店が伊那にあると大変ありがたいと思います	女性	18～29歳	その他
高齢者やIT弱者に対しての配慮を忘れずに，経営を進めてほしい	男性	30～39歳	会社員・団体職員
結局，勤め先や住んでいる場所により使い勝手が変わる。移住していると，全国でも使い勝手が変わらない金融機関がメインとなる	男性	30～39歳	会社員・団体職員
カード決済やインターネットの決済などに対応していない事が多く，それらを別バンクで対応しているのでいずれはそういうものにも対応してほしい	男性	30～39歳	自営業
日本経済や金融がまやかしものだと知っているので，どうでもいい。期待していません	男性	30～39歳	無職
今のままで満足しているので特にないです	女性	30～39歳	会社員・団体職員
いつ，どんな時も分かりやすい情報提供を	女性	30～39歳	会社員・団体職員
SDGs活動，社会貢献活動をますます広めていってほしい	女性	30～39歳	パート・アルバイト
考え方が古い	男性	40～49歳	経営者・役員
電子マネーの取引バンクに指定出来ない（PayPayや，Amazonの直接の取引銀行に指定出来ない）	男性	40～49歳	経営者・役員
早くアプリを対応させてほしい。WebBankも使いにくい	男性	40～49歳	会社員・団体職員
手数料が下がると良い	男性	40～49歳	会社員・団体職員
・定期的な商品案内は電話だけでなく，ハガキで情報をいただきたい ・土日の窓口対応	男性	40～49歳	会社員・団体職員
魅力的な商品を提供する	男性	40～49歳	会社員・団体職員
営業時間	男性	40～49歳	会社員・団体職員
顧客重視の対応をお願いしたいです	男性	40～49歳	会社員・団体職員

アプリの更新時にログイン設定を引き継ぐようにしてほしい	男性	40～49歳	会社員・団体職員
ネットバンクと同程度のサービスを実現してほしい	男性	40～49歳	会社員・団体職員
住宅ローンの保証金が高かった	男性	40～49歳	会社員・団体職員
過払い金発生しない様にしようよ。お金無いから借りるしかないけど	男性	40～49歳	会社員・団体職員
メガバンクとの違いをもっといかしてほしい	男性	40～49歳	自営業
潰れないで頑張ってほしい	男性	40～49歳	その他
新しいサービスの勧め	女性	40～49歳	経営者・役員
手数料が高い	女性	40～49歳	会社員・団体職員
全店舗，通帳繰越機設置	女性	40～49歳	会社員・団体職員
利息を上げてほしい	女性	40～49歳	会社員・団体職員
手数料無料にしてほしい	女性	40～49歳	自営業
倒産しませんように	女性	40～49歳	自営業
手数料をやめてほしい（ATM）	女性	40～49歳	専業主婦・主夫
手数料を無料にしてほしい（時間関係なく）。ATMで上限なく引き出せるようにしてほしい	女性	40～49歳	パート・アルバイト
同行間の送金手数料は，以前のように0円にしてほしい	女性	40～49歳	パート・アルバイト
土日も問い合わせが出来るようにしてほしい	女性	40～49歳	パート・アルバイト
手数料・金利がもう少し安いと大変利用しやすい	女性	40～49歳	パート・アルバイト
教育資金の時に相談に乗ってくれ，感謝している	男性	50～59歳	会社員・団体職員
老後の生活も含めて相談出来たらと思います	男性	50～59歳	会社員・団体職員
手数料が高い。自分の口座からお金を出すのに金を取るとはどういうことなのか	男性	50～59歳	会社員・団体職員
長野県内にもっとATMを増やしてほしい	男性	50～59歳	会社員・団体職員
つぶれないで下さい	男性	50～59歳	会社員・団体職員
大手信託銀行との連携（県内には支店がない，又はない信託銀行もあり）	男性	50～59歳	公務員
今後とも経営が安定した状態で運営をしていっていただきたい	男性	50～59歳	公務員
手数料が高過ぎる	男性	50～59歳	公務員
もっとインターネットバンキングの利便性を向上させてほしい	男性	50～59歳	自営業
不祥事ばかり起こす「ゆうちょ銀行」は，はっきり言って信用できない。取引を続けていいのか悩んでいる	男性	50～59歳	無職
・通帳印字のズレが困る ・ATMのエラーをなくしてほしい	女性	50～59歳	会社員・団体職員

給与口座がメインバンクに指定されているため，使用しているだけで，そうでなければ八十二銀行，ゆうちょ銀行の2つに絞りたいと思っています	女性	50～59歳	会社員・団体職員
特に不便な感じはないです	女性	50～59歳	会社員・団体職員
通帳はなくさないでほしい。安定していて大きな制度変更が頻繁にない	女性	50～59歳	会社員・団体職員
制服がなくなったせいでしょうか。誠実に見えず，他行をメインにしようかと迷っています。一部の行員さんの対応が酷いです。窓口が昼休みに利用できなくなり不便です	女性	50～59歳	専業主婦・主夫
顧客一人ひとりが本当に必要としているものを，銀行の都合ではなく，顧客の目線に立って提案してもらいたい	女性	50～59歳	専業主婦・主夫
銀行に行きやすい雰囲気がほしい	女性	50～59歳	専業主婦・主夫
ずっと「ゆうちょ銀行」ですが，最近ATMが無いので困っています	女性	50～59歳	パート・アルバイト
ATMの手数料をなくしてほしい	女性	50～59歳	パート・アルバイト
統合などで窓口を減らすことなく常に近くにあってほしい	女性	50～59歳	パート・アルバイト
手数料がかかること。特に入金についてもかかるのは困る	女性	50～59歳	その他
私にとってメインバンクといっても，預金や給与等の引き下ろしに使うだけ	男性	60～69歳	公務員
長期間メインに利用していることに対する利点とか特典について考えてほしい	男性	60～69歳	公務員
メインバンクにかかわらず，全ての手数料が高すぎる（ATMで済むのに）	男性	60～69歳	自営業
堅実に経営してほしい	男性	60～69歳	専業主婦・主夫
店舗を統合しないでほしい	男性	60～69歳	パート・アルバイト
今まで通り続けてお付き合いしてほしい	男性	60～69歳	パート・アルバイト
県内で独占的シェアを築いているために，社会的弱者や中小零細業者に優しくないことを改めてもらいたい	男性	60～69歳	無職
合併により店舗縮小がアナウンスされていますが，可能な限り今の利便性を確保していただきたい	男性	60～69歳	無職
長野銀行との経営統合が行われたが，2025年の合併後は，長野銀行のインターネットバンキングやキャッシュカードの利用はどうなるのか早目に知りたい。インターネットバンキングのシステムは，長野銀行の方が優れていると思う。	男性	60～69歳	無職
八十二は，あまり地元に密着していない	女性	60～69歳	会社員・団体職員
メインバンクとしているが，手数料などでメインにしている。価値が低い。もっと優遇されても良いのではないか	女性	60～69歳	会社員・団体職員
アナログ人間の私にとって，ネットなどに恐怖感がある。店頭に行くとネットでの取引を勧められ，やってみたが先に進めなかった。不安でした	女性	60～69歳	会社員・団体職員

窓口での振込手数料を無料にしてほしい	女性	60〜69歳	専業主婦・主夫
せめて，年金生活者の手数料を無料にしてほしい	女性	60〜69歳	専業主婦・主夫
困った時に相談しやすくしてほしい	女性	60〜69歳	専業主婦・主夫
ATMの利用時間延長（早朝など）	女性	60〜69歳	パート・アルバイト
一般庶民の利用者を大切にする姿勢	女性	60〜69歳	パート・アルバイト
簡素化して，ITや機械化をしているが，とても年寄りはついていけないし，困ると思う	女性	60〜69歳	パート・アルバイト
もう少し支店及び出張所がほしい	女性	60〜69歳	無職
年金生活のため，細かい事柄を伝えてほしい	男性	70〜79歳	会社員・団体職員
店舗の設置を充実してほしい（人口バランスを考察した上で）	男性	70〜79歳	会社員・団体職員
倒産しない経営を	男性	70〜79歳	無職
問25で選択した項目において，現状以上の職員対応と知識の向上を願いたい （問25－②，③，④，⑨，⑬選択）	男性	70〜79歳	無職
地域社会の信頼。今後も続けていただきたい	男性	70〜79歳	無職
・金利が低すぎる ・ATMの利用を70歳以上は制限しているが，これは客軽視である	男性	70〜79歳	無職
預金者を不安にさせるようなことがないようお願いしたい	男性	70〜79歳	無職
預金を下ろす時，理由を尋ねる必要があるのか（たとえ規則とはいえ）	男性	70〜79歳	無職
利益をしっかり確保して経営は健全と思うが，顧客への還元は全くしていない。そのことが当たり前になっていることが，そもそもおかしい	男性	70〜79歳	無職
規模が大きすぎて，個々人への対応できめ細かさがない。もっとマメに	男性	70〜79歳	無職
硬貨が利用しにくい（僅かな振り込みでも手数料を取られる）	男性	70〜79歳	無職
県内のBKで生き残るBKを考えれば，八十二BKかなと思うが，身近なBKも大事にしたい	男性	70〜79歳	無職
ATMで手数料を取らないでほしい	男性	70〜79歳	無職
昨今金融機関の店舗が閉鎖統合する傾向にあるが，利用者の利便性の維持も考慮していただきたい	男性	70〜79歳	無職
各種情報の提供	男性	70〜79歳	その他
担当者が転勤等で変わるため，現在の担当者の名前も分かりません。相談事があっても不便です	女性	70〜79歳	専業主婦・主夫
専門（投資）充実を	女性	70〜79歳	専業主婦・主夫
以前，生保（積立）に加入を勧められて入ったが，その後全くフォローがなかった。一般の保険会社の方が細かく対応してくれる	女性	70〜79歳	専業主婦・主夫

預貯金の金利 UP。手数料を安く	女性	70〜79 歳	専業主婦・主夫
いろいろな面で助けてもらっている	女性	70〜79 歳	専業主婦・主夫
今まで通りに利用できることが望ましい	女性	70〜79 歳	専業主婦・主夫
年金振込,公共料金の引き落としをメインバンクで行っているが,銀行へ行かないので,そもそもメインバンクと言えるのか,これを書いていて疑問に感じた	女性	70〜79 歳	無職
今はあまりないが,担当者の栄転が多く,顔馴染みで話しやすくなったのにと思った頃,移動し残念だった	女性	70〜79 歳	無職
不正がないようにしていただきたい	女性	70〜79 歳	無職
ATM が近くにあったが,今は車でなければ行けないので,近くにほしい	女性	70〜79 歳	無職
場所が不便（利便性）	女性	70〜79 歳	無職
お付き合いが長いので,何となく使っていて BK に対する要望などない	女性	70〜79 歳	その他

資料5　地域金融機関に対する要望　自由記述

問26　地域金融機関に対するご要望などがありましたら，自由にご記入ください			
土日に窓口が利用できないと日中会社の人は大変なので，土日のどちらかは窓口を開けてほしい	女性	18～29歳	会社員・団体職員
近くに店舗があるといい	女性	18～29歳	会社員・団体職員
店舗を減らさず，高齢者のために残してあげてほしい。高齢者はITを使えない方もいるので，ネットより人の説明を頼りにしている方が多いと思う	男性	30～39歳	会社員・団体職員
手数料の低減	男性	30～39歳	会社員・団体職員
メガバンクも地域金融も信用していませんが，下から国の異常を訴えること	男性	30～39歳	無職
電子マネーや，ネットが主流になるので，対応できるように期待する	男性	40～49歳	経営者・役員
信用金庫の統合をしたらどうか（全県または東北中南信など）	男性	40～49歳	会社員・団体職員
合併による弊害をなくし，地元企業への融資を柔軟に	男性	40～49歳	自営業
地元を支える存在であってほしい	男性	40～49歳	その他
銀行の知識－特に「お金」についての知識を，地域貢献として情報提供する場を設けてほしい（何かがないと聞けないのではなく，銀行は身近なところとして）	女性	40～49歳	会社員・団体職員
他金融機関との取引が円滑に進むような仕組みづくり	女性	40～49歳	会社員・団体職員
時間が短く，休みを取らないと利用できないので，夜間の窓口がほしい	女性	40～49歳	公務員
金融教育に力を入れてほしい。地域の学校への出前講座等あれば嬉しい	女性	40～49歳	パート・アルバイト
店舗数を減らさないでいただきたい	男性	50～59歳	会社員・団体職員
小さな金融機関に頑張ってほしい	男性	50～59歳	会社員・団体職員
窓口業務の時間が，もう少し長くなると良いと思います	男性	50～59歳	会社員・団体職員
地元独自の対策をしてほしい	男性	50～59歳	会社員・団体職員
夜7時まで，窓口を開けてほしい	男性	50～59歳	会社員・団体職員
相続や納税相談は預金高とも関連するので，相談窓口があると良い。行政にも相談窓口はあるが，手続きに関する相談窓口になっている	男性	50～59歳	公務員
今後も経営が安定した状態で運営をしていっていただきたい	男性	50～59歳	公務員
地域密着型の企業活動	男性	50～59歳	公務員

コロナ禍初期に地元信金に融資枠拡大の相談に行ったら，返済が滞ったわけでも特別融資の話があるわけでもなく，「審査してみますから」と即日融資枠が停止されてしまった。理由は言えないとのこと。返済のみがコロナ禍中続き大変だった。関連業務の売上がほぼなくなってしまったが，メインが定期便中心の運送業だったので，影響が少ないと判断されたのか，コロナ禍関連の金融機関融資は売上高減少率など条件が合わず，結果的にノンバンクからの高利の貸付でコロナ禍をしのいだが，今利子負担に苦しんでいる。晴れているときに傘を貸し，雨が降り出したら取り上げるようなことをしていると，信用をなくすのではないでしょうか。自宅建物土地担保とか信金から提言があれば検討したのに	男性	50〜59歳	自営業
振込手数料の値下げ	男性	50〜59歳	パート・アルバイト
私は知的障がいを持つ障がい者だが，窓口で障がい持ちと言った途端に嫌な顔をされ，ぞんざいな対応をされたことが度々あった。障がい者差別は今もどこでもある。それ故，障がい者や認知症などの知識を持った専門の職員を常時置くことはできないだろうか	男性	50〜59歳	無職
身近にあって利用しやすい存在であってほしい。同行で働いている人にとっても働きやすく，安心できる存在であってほしい	女性	50〜59歳	会社員・団体職員
銀行の昼休みという時間帯で，おひるに窓口を休むのはやめてほしい	女性	50〜59歳	パート・アルバイト
むやみに窓口を減らすのはやめてほしい	女性	50〜59歳	パート・アルバイト
もっと地域に対する社会的貢献をすべき	男性	60〜69歳	公務員
現在の政府日銀の政策は間違っていると思います（低金利，国債や株券を日銀が買い入れるなど）。そのような政策に対し，積極的に意見を表明する	男性	60〜69歳	無職
キャッシュレスやデジタル化を推進しようとも，やはり現金取り扱いができるような経済の仕組みを残してほしい（20〜30年後のことかな）。当然，銀行統合や淘汰は人や仕事（働き口）がなくなることを意味し，現金の流れも無くなることを意味していますからね	男性	60〜69歳	無職
窓口で待っている商売はもう古い。インターネットバンキングは非常に便利だ。相談したい時に，家まで来てくれるのはどうですか	女性	60〜69歳	会社員・団体職員
駐車場が少なく狭い	女性	60〜69歳	専業主婦・主夫
県外から転居して2年。相続手続きで，これまで無縁だった地方金融機関のお世話になる機会があった。同じ銀行でも，支店により雰囲気が大きく異なるので，離れていても感じが良い支店を選ぶことが多々あった。行きつくのは『人材』なのだろうか	女性	60〜69歳	専業主婦・主夫

どちらでも ATM が使用できるようにしてもらえると大変便利	女性	60〜69歳	パート・アルバイト
地域の犯罪防止に貢献してほしい	女性	60〜69歳	パート・アルバイト
もっとお年寄りに寄り添ってほしい	女性	60〜69歳	パート・アルバイト
現在のサービスで満足している	女性	60〜69歳	パート・アルバイト
お金を下ろせるのは午後3時まで。会社員は夕方は下せない。下ろせる時間を19時までに延長してほしい	男性	70〜79歳	会社員・団体職員
・利用者のニーズ把握を ・地域コミュニケーション活動の応援を	男性	70〜79歳	会社員・団体職員
小さな取引も大切に	男性	70〜79歳	自営業
手数料を安くしてほしい	男性	70〜79歳	無職
高齢者に対し，より利便性の高いサービスの向上をお願いしたい（高齢者の増加による）	男性	70〜79歳	無職
生活のための預金をしているので，安定した経営をしていただきたい	男性	70〜79歳	無職
預金を下ろす時，理由を尋ねる必要があるのか（たとえ規則とはいえ）	男性	70〜79歳	無職
利用者目線で手数料を考えてほしい	男性	70〜79歳	無職
八十二銀行がメインバンクでしたので，是非，地域に支店を増やしていって下さい	男性	70〜79歳	その他
窓口，ATM の混雑解消	女性	70〜79歳	専業主婦・主夫
地域住民との接触が特性なのだから，住民との折り合いをうまく，仲間意識を大切に進んでいってほしい	女性	70〜79歳	専業主婦・主夫
時々使用している銀行は，振込手数料が高い。口座があり，同じ金融機関に振り込みにも手数料を取られる。また，キャッシュカードより，窓口での振り込みは倍額に近いくらい高い。お金儲け主義という感じがする	女性	70〜79歳	無職
金利を高くしてほしい	女性	70〜79歳	無職

資料6　八十二銀行と長野銀行の合併に対する意見　自由記述

問37　両行の合併について，ご意見などありましたら，自由にご記入ください			
ATMを互換性にして，どちらの店舗でも下ろせるようにしてほしい	男性	18～29歳	会社員・団体職員
地銀は滅多に利用しないので，よく分からない。高齢化地域が増えているので，高齢者に寄り添った地域密着型の経営を続けていくのであれば，合併も悪くないのでは	男性	18～29歳	会社員・団体職員
今までのカードや通帳がどうなるのか不安	男性	18～29歳	パート・アルバイト
面倒な手続きがないと嬉しい。県外のATMでも使えるようになると，とても嬉しい	女性	18～29歳	会社員・団体職員
八十二銀行，長野銀行，両行近くに店舗があり，合併したらどうなるのか	男性	30～39歳	経営者・役員
新潟の第四北越銀行の後追い（マネ）をしている印象。独占禁止法の問題にはならないのか	男性	30～39歳	会社員・団体職員
2004～2007年まで大学生をしていました。文学部にいまして，金融の知識はありませんでしたが，他県の地域金融を見たら，いずれ合併することはわかっていました。金融に期待などありません	男性	30～39歳	無職
店舗が減り，混み合ったり，遠くなったり，不便になることは嫌	女性	30～39歳	専業主婦・主夫
私は長野銀行職員です。地域の皆様にご不便が生じないよう業務に励んでいきます	女性	30～39歳	パート・アルバイト
合併に良いイメージがない	女性	30～39歳	パート・アルバイト
メインバンクが長野銀行になっている人が不利にならないようにしてほしい	男性	40～49歳	経営者・役員
電子マネー等の取引バンクに指定できている銀行だったので，大きく変わるとは思わない	男性	40～49歳	経営者・役員
休日手数料の削減	男性	40～49歳	会社員・団体職員
より良い金利の向上ができること。老後の商品について，安心できるものを提案してほしい	男性	40～49歳	会社員・団体職員
八十二銀行が損をしそうなイメージ。自分にとっては，あまり良くないイメージ	男性	40～49歳	会社員・団体職員
最低でも現行の八十二銀行の店舗の数は維持してほしい	男性	40～49歳	会社員・団体職員
地域経済の発展に期待します	男性	40～49歳	会社員・団体職員

メリット，デメリットそれぞれあると思う。全部うまくいくわけがないので，その見極めが重要。それが難しいのだけれどね	男性	40～49歳	会社員・団体職員
融資をより積極的に	男性	40～49歳	自営業
規模のメリットを生かさなければ，生き残れない時代かなと感じる	男性	40～49歳	その他
競争がなくなったので，サービスの低下が心配	女性	40～49歳	経営者・役員
メインバンクでもなく利用もしていないので，回答しづらいです	女性	40～49歳	自営業
通帳が変わったり等で，いちいち店舗に行くようなことがないようにしてほしい	女性	40～49歳	パート・アルバイト
私には何も関係ないことですが，県民にとって安心できる金融機関を望みます。他を食いつぶさないようにして下さい	男性	50～59歳	会社員・団体職員
八十二銀行だけが有利になるような気がする	男性	50～59歳	会社員・団体職員
大丈夫か心配	男性	50～59歳	会社員・団体職員
もっと利便性のある企業であってほしいです	男性	50～59歳	会社員・団体職員
夜7時まで，窓口を開けてほしい	男性	50～59歳	会社員・団体職員
従業員にとって，マイナスのない環境で運営してほしい	男性	50～59歳	公務員
今後とも安定した経営のもとで経営していただきたい。サービスの低下にならないように，現在のサービスを維持していただきたい	男性	50～59歳	公務員
あまり期待していない	男性	50～59歳	公務員
仕方ないと思います	男性	50～59歳	パート・アルバイト
規模が大きくなると，サービスなどが悪くなることが多い。お客の不満をしっかりと聞き，対応する気があるかを厳しく見ていきたい	男性	50～59歳	無職
金利面等で競争相手がいないと，顧客満足度が下がってしまいそうで不安はあります	女性	50～59歳	会社員・団体職員
店舗の統合で，客が集中して利便性が悪くなると困る	女性	50～59歳	会社員・団体職員
メインが八十二銀行であることは変わらないと思うが，以前，不安でやめた長野銀行との統合は，正直不安。私は長野銀行が好きではありません	女性	50～59歳	専業主婦・主夫
合併に関しては驚いたが，とにかく始まってみないと良い悪いも何も分からない状況	女性	50～59歳	専業主婦・主夫
利便性の低下は避けてほしい	女性	50～59歳	専業主婦・主夫
八十二銀行が大きくなり，使いづらくなる。個人（平民）にとって，選択がなくなる	男性	60～69歳	経営者・役員

合併と言っているが，長野銀行を八十二銀行が救った感じがします。長野銀行の負債を持つことによって，八十二銀行に経営の弱体化になってしまうかも。長野銀行の行員の質も他に比べると悪すぎた	男性	60～69歳	経営者・役員
手数料，利子の軽減	男性	60～69歳	会社員・団体職員
経営の効率化の必要性は認めるが，両行の支店が地域で共存していたことを踏まえ，地域住民のことを考えた経営をしてほしい	男性	60～69歳	パート・アルバイト
長野銀行の店舗や従業員は切り捨てられ，その預金量などが八十二銀行に吸い上げられる。八十二銀行による独占が進み，競争相手がいなくなることで，サービスは低下する。県民にとってメリットはない	男性	60～69歳	無職
いろいろ話し合って決めるべきだった	男性	60～69歳	無職
このように至るまでの実態に対し，日本中央銀行にものを言える銀行として存続してほしい。未だに，30年前の行政（政府）の方針が進められている	男性	60～69歳	無職
利益を出して，顧客に還元してほしい	男性	60～69歳	無職
企業存続第一ではなく，利用者サービスを第一に考えて事業展開してほしい	男性	60～69歳	その他
人員整理は難しく大変ではあるが，待っている商売はもう時代遅れです。私自身，営業で生活を成り立たせていて大変ですが，是非，保険の営業に来てほしい。人材不足の企業もあるので，そういうところへどんどん移って，能力もあるので頑張ってほしい。	女性	60～69歳	会社員・団体職員
あまり関係がない	女性	60～69歳	会社員・団体職員
両行共に，より良い方向に進むように頑張ってほしい	女性	60～69歳	専業主婦・主夫
通帳，カード等の取り扱い（現状のもので両行使えるのか，新しくなるのか等）	女性	60～69歳	専業主婦・主夫
八十二銀行は利用しているが，長野銀行は利用していないので，なぜ合併案が出たのか分からない	女性	60～69歳	専業主婦・主夫
長野銀行が行ってきた山雅への応援を続けてほしい	女性	60～69歳	専業主婦・主夫
合併の話題後，これを歓迎しない声を耳にすることが多かった。組織が大きくなると数字だけを追求しがちだが，これにより地方金融機関の良さ（融通性）が失われるのではという不安の声である。合併によるメリット・デメリットは当然予測されるが，あくまでも利用者ファーストに重きを置いて進めるべきと考える。市内には両行施設が実に沢山あり，合併による効率化・合理化は期待されるものの，そこに働く人々は守られるのか。他人事ながら実に気になる点ではある	女性	60～69歳	専業主婦・主夫
両行に取引がないため，真剣に考えられない	女性	60～69歳	パート・アルバイト
内容によっては，ゆうちょ銀行にするかも	女性	60～69歳	パート・アルバイト

八十二銀行のイメージが下がる気がする	女性	60～69歳	パート・アルバイト
八十二銀行の行員だったので，行名がなくなるのが寂しい	女性	60～69歳	パート・アルバイト
利用者にメリットの高いサービスを期待したい	女性	60～69歳	パート・アルバイト
あまり利用することがないので分からない	男性	70～79歳	会社員・団体職員
更に，地域活動の貢献や発意を期待しています	男性	70～79歳	会社員・団体職員
経営の安定化だけの合併は，顧客にメリットはない。一行，独裁では，他の金融関係に迷惑である	男性	70～79歳	自営業
サービス（誠心，精神，誠信）を忘れずに進めて下さい	男性	70～79歳	無職
経営の安定・強化ということが，地域にとっても最大の関心事であると思います。可能な中で情報公開が必要であると思います	男性	70～79歳	無職
合併後も健全な経営を図り，社会的貢献を果たしてほしいです			
良いのではないか	男性	70～79歳	無職
両行のメリットでなく，顧客のメリットを主体に考えるべき	男性	70～79歳	無職
地方銀行（信金，JA等）はそのうちに無くなる。長野県は八十二銀行，一本でいくのか	男性	70～79歳	無職
合併の理由と両行のメリット，デメリット	女性	70～79歳	専業主婦・主夫
ますます地方離れが進むようで寂しい	女性	70～79歳	専業主婦・主夫
今後，このようなことは日本中で増加すると思う。仕方のないことだと思う	女性	70～79歳	専業主婦・主夫
親の貯金を八十二銀行から受け取れなかった。信金にあった姉の貯金は受け取れた（二人共，死後）。そのため，主人の貯金は信金へ直ぐに移しました。郵便局は，住宅ローンを借りる時，預貯金の分しか借りられなかった	女性	70～79歳	専業主婦・主夫
八十二銀行にとっては，合併しない方が良い	女性	70～79歳	専業主婦・主夫
合併によって，近くの銀行が無くならないことを祈っています	女性	70～79歳	パート・アルバイト
・生協の引き落としを八十二銀行に設定したばかりなのに，実施施策を知らないので，とても不安 ・新聞もネットもない生活なので，調査結果を知る手立てはあるのかと思っている	女性	70～79歳	パート・アルバイト
個人，小企業者が借入のハードルが上がらないことを祈る	女性	70～79歳	無職
時代の流れ	女性	70～79歳	無職
合併により，行員が悲哀を感じるのはどちら	女性	70～79歳	無職
両行共，近隣になく利用していないので分からない	女性	70～79歳	無職

資料7　日本金融学会 2024 年度春季大会　報告資料

日本金融学会2024年度春季大会

開催日：5月18日（土）・19（日）
　場所　：埼玉大学さいたま本校
　報告　：地域金融機関の将来の在り方について
　　　　　考察―長野県を事例に―
報告者：飯塚 徹（松本大学松商短期大学部教授）
討論者：野崎 浩成（東洋大学教授）

2024年5月

地域金融機関の
将来の在り方について考察
―長野県を事例に―

Ⅰ．はじめに・市場の整理
Ⅱ．公表資料を検証
Ⅲ．ポイント，留意点
Ⅳ．金融調査から
Ⅴ．全体のまとめ

松本大学　松商短期大学部
経営情報学科　飯塚徹

Ⅰ．はじめに・市場の整理
　地方銀行のおかれている状況

　金融機関は，長引く低金利政策による**利鞘の減少**，民間部門が資金剰余のため**資金需要の減少，人口減少（少子高齢化）**などの環境下，非常に厳しい経営状況に陥っている。

　地方銀行75行（上場）の2023年３月期決算は，**４割にあたる29行が最終減益・赤字**となった。中小企業向け貸し出しなどは堅調だったが，米国の金利上昇（債券価格の下落）で膨らんだ債券の含み損の処理を迫られた。24年３月期は**５割超の地銀が減益**の見通しであった。⇒ **７割で増益**，与信関係費用は５割超で拡大。

　日本銀行は，10年後に地方銀行の約６割で，純損益が赤字になるとの試算を公表（2019年４月）。**23県は１行独占でも不採算。**

　地方銀行は，海外展開，非金利ビジネス，手数料収入　限界
　ナローバンク（決済専門銀行）はセブン銀行がモデルを確立
　⇒　地方銀行の必要性，再編（合併・経営統合）は広域で進展

・地方銀行の収益割合・地方銀行数の推移
・第一地方銀行の再編が必要！

　　大手銀行は，資金利益が44％（国外への融資等にシフト）
　　手数料その他は56％（グローバル投資銀行化）　今後も注力↗

　　地方銀行は，資金利益が88％（**融資が主収益源，都市融資↗**）
　　手数料その他は12％（**金融商品販売・手数料ビジネスに限界**）

（上記の数値は，野崎浩成 https://president.jp/articles/-/45125?page=3（2021）参照）

第一地方銀行は減少せず。第二地方銀行と併せて**再編が必要**

	1980年	1990年	2000年	2010年	2020年	2022年	42年間減少率
都市銀行	13	12	9	6	5	5	-62％
第一地方銀行	**63**	**64**	**64**	**63**	**62**	**62**	**-2％**
第二地方銀行	71	68	57	42	38	37	-48％
信用金庫	462	451	372	271	254	254	-46％
信用組合	484	408	281	158	145	145	-70％
合計	1,093	1,003	783	540	504	503	-54％

出所（金融庁資料）

- 個人的な興味　四国の地方銀行
- 各県に，第一地銀1行，第二地銀1行 存在！

	第一地方銀行	第二地方銀行
徳島県	阿波銀行	徳島大正銀行
香川県	百十四銀行	香川銀行
愛媛県	伊予銀行	愛媛銀行
高知県	四国銀行	高知銀行

出所（東洋経済ONLINE https://toyokeizai.net/articles/-/594881）

- 市場の規律付けの欠如
- 適正で健全な市場の創造が必要！

　地方銀行の再編が進展しないのは，**市場の規律付けの欠如**が重要な一つの要因であると考えられる。なぜなら，銀行経営陣の経済合理的な再編に向けた意思決定は，市場からの評価・行動を受けて行われるが，現状において**預金保険制度にモラルハザード**が発生しており，預金者等に当該銀行に対する評価・行動（預金の預け替えを行うなど）のインセンティブが十分に働かず，**市場規律の仕組みが有効に機能していない**からである。銀行の**不十分な情報開示**も要因と考えられる。

　全ての地域金融機関が生き残れる環境でないことは，金融当局などの調査・研究により明らかであり，今後，一層厳しい経営環境になることが予想される。**地域金融機関が健全経営を行い，地域とともに持続的に成長・発展していくためには，<u>適正で健全な市場（必要とされる金融機関（だけ）が，適正な規模で存続できる市場）の創造が必要である。</u>**

資料編 | 199

Ⅱ．公表資料を検証
経営統合（2023.6）⇒ 合併（2026.1.1）

両行の統合形態

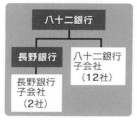

■ 長野県 預金・貸出金シェア（2021年3月末時点）

	八十二銀行	長野銀行	両行合算
預金	55.8%	8.1%	63.9%
貸出金	51.1%	10.7%	61.7%

※出所：金融ジャーナル社「金融マップ 2022年版」
（地方銀行、第二地方銀行、信用金庫、信用組合、労働金庫におけるシェア）

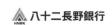

・長野県の現状・今後
・基盤的サービスに係る需要の減少

長野県の人口は，2001年の2,220千人をピークに，以降減少が継続している。また，地域を支える事業所数についても，2001年の128,969事業所数から減少傾向にあることから，**貸出や預金**をはじめとする**基盤的サービスに係る需要が将来においても継続的に減少していく可能性が極めて高い**ものとなっている。

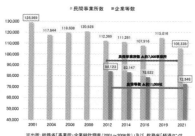

・基盤的サービスに係る収支（１）
・資金利益は減少傾向，基盤的な収支は概ね赤字

両行とも，需要が限定される中においても積極的な資金繰り支援により貸出金を増加させてきたが，貸出金利回りの低下の影響を受けて**資金利益（有価証券利息配当金除く）は減少傾向**にあり，**基盤的サービスに係る収支は概ね赤字**の状態が続いている。

■ 基盤的サービスに係る収支の定義

資金利益（有価証券利息配当金除く）＋ 役務取引等利益 ＋ その他業務純益（国債等債券損益除く）－ 営業経費（退職給付含む）－ 与信費用

■ 八十二銀行の基盤的サービスに係る収支推移

（単位：億円、単位未満四捨五入）

	2018/3期 (2017年度)	2019/3期 (2018年度)	2020/3期 (2019年度)	2021/3期 (2020年度)	2022/3期 (2021年度)
資金利益（有価証券利息配当金除く）	451	453	444	415	430
役務取引等利益	84	79	84	93	100
その他業務純益（国債等債券損益除く）	7	9	7	6	12
営業経費（マイナス表示）	▲577	▲547	▲533	▲526	▲485
与信費用（マイナス表示、プラスは貸倒引当金繰入益）	4	17	6	87	20
基盤的サービスに係る収支	▲31	▲23	▲4	99	37

※2022/3期は、日本銀行の「地域金融強化のための特別当座預金制度」の活用による預け金利息の増加等により資金利益（有価証券利息配当金除く）が増加したことで、基盤的サービスに係る収支が黒字化しています。

■ 長野銀行の基盤的サービスに係る収支推移

（単位：億円、単位未満四捨五入）

	2018/3期 (2017年度)	2019/3期 (2018年度)	2020/3期 (2019年度)	2021/3期 (2020年度)	2022/3期 (2021年度)
資金利益（有価証券利息配当金除く）	84	81	77	76	76
役務取引等利益	▲5	▲4	▲2	▲1	2
その他業務純益（国債等債券損益除く）	0	0	0	0	0
営業経費（マイナス表示）	▲109	▲105	▲103	▲100	▲96
与信費用（マイナス表示、プラスは貸倒引当金繰入益）	▲5	▲2	▲2	▲4	▲4
基盤的サービスに係る収支	▲35	▲30	▲30	▲29	▲22

出所（八十二銀行・長野銀行「基盤的サービス維持計画」（2023年5月））

・基盤的サービスに係る収支（２）
・基盤的サービスの持続的な提供は困難

両行とも新規実行利回りが既存貸出の利回りを下回ることから，引き続き貸出金利回りは低下する見通しとなっており，資金利益（有価証券利息配当金除く）の減少が継続する見込みとなっている。

役務取引の強化や経費削減に取り組んでいくものの，基盤的サービスに係る収支は赤字が継続する見込みとなっており，**基盤的サービスを将来に亘って持続的に提供することが困難になる**可能性がある。

■ 八十二銀行の基盤的サービスに係る収支の見込み

（単位：億円、単位未満四捨五入）

	2023/3期 (2022年度)	2024/3期 (2023年度)	2025/3期 (2024年度)	2026/3期 (2025年度)	2027/3期 (2026年度)	2028/3期 (2027年度)
資金利益（有価証券利息配当金除く）	430	380	369	367	357	350
役務取引等利益	101	99	97	95	93	91
その他業務純益（国債等債券損益除く）	19	14	14	13	13	12
営業経費（マイナス表示）	▲509	▲504	▲499	▲494	▲489	▲484
与信費用（マイナス表示、プラスは貸倒引当金繰入益）	▲41	▲15	▲12	▲10	▲10	▲10
基盤的サービスに係る収支	▲1	▲26	▲31	▲28	▲35	▲40

■ 長野銀行の基盤的サービスに係る収支の見込み

（単位：億円、単位未満四捨五入）

	2023/3期 (2022年度)	2024/3期 (2023年度)	2025/3期 (2024年度)	2026/3期 (2025年度)	2027/3期 (2026年度)	2028/3期 (2027年度)
資金利益（有価証券利息配当金除く）	75	76	74	73	72	72
役務取引等利益	9	6	6	6	6	6
その他業務純益（国債等債券損益除く）	▲2	0	0	0	0	0
営業経費（マイナス表示）	▲96	▲95	▲94	▲93	▲92	▲91
与信費用（マイナス表示、プラスは貸倒引当金繰入益）	▲3	▲3	▲2	▲2	▲2	▲2
基盤的サービスに係る収支	▲17	▲16	▲16	▲16	▲16	▲16

出所（八十二銀行・長野銀行「基盤的サービス維持計画」（2023年5月））

- 経営統合シナジー（１）
- 基盤的サービスの提供の維持，事業領域の拡大

経営統合シナジーの早期実現と**両行の人的資本の活用**により**基盤的サービスの提供を維持**するとともに，**事業領域を拡大**することで「地域と共に成長できる銀行」へと変革していく。

経営効率の向上により捻出した人材をソリューション関連業務やデジタル関連業務等の戦略分野に再配置していく。また，**新規業務の拡大**に向け，若手・中堅職員のグループ会社・外部企業への研修参加・出向派遣を通じて多様なキャリアを持った人材を銀行内に還元することで，中長期目線での人的資本の強化にも取り組んでいく。

■ 事業の改善に係る方策　　　　■ 人材の創出と再配置

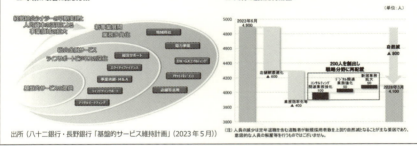

出所（八十二銀行・長野銀行「基盤的サービス維持計画」（2023年5月））

- 若い金融スペシャリストを人手不足の県内企業・自治体に
　供給 → 県内経済の持続的な発展 → 銀行の利益
- 銀行のコストシナジー（人員削減効果）を確実に実現！

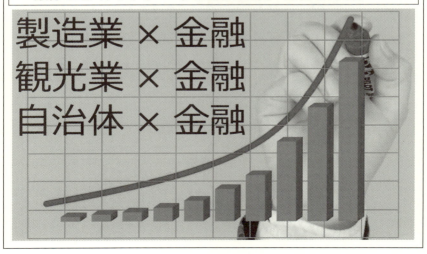

製造業 × 金融
観光業 × 金融
自治体 × 金融

- 経営統合シナジー（２）
- トップラインシナジー（収益増強）は期待できるか？

・経営統合シナジーの早期実現により経営基盤を強化し、「地域と共に成長できる銀行グループ」へと変革してまいります。

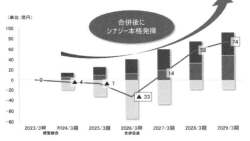

出所（八十二銀行・長野銀行「基盤的サービス維持計画」（2023年5月））

シナジー効果とは・・・

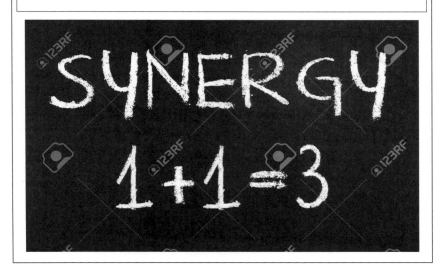

シナジー効果　事例（1）

出所（流通ニュース https://www.ryutsuu.biz/strategy/m102948.html）

シナジー効果　事例（2）

アステラス製薬は発足（2005年）を機に，医療用医薬品事業に経営資源を集中し，山之内製薬の強みであった泌尿器分野，そして藤沢薬品工業の強みであった移植分野に加えて，新たに「がん」領域を重点分野の一つに位置づけ第三の柱に据えた。

出所（DIAMOND online https://diamond.jp/articles/-/39500）

- トップラインシナジー（収益増強）効果の検証
- 市場はトップラインシナジーを評価していない？

2023年6月1日

株式会社日本格付研究所（JCR）は，以下のとおり信用格付の結果を公表します。

株式会社八十二銀行 （証券コード：8359）
【据置】
長期発行体格付　ＡＡ
格付の見通し　安定的

株式会社長野銀行 （証券コード：－）
【クレジット・モニター解除】【変更】
長期発行体格付　＃ＢＢＢ／ポジティブ　→　ＡＡ
格付の見通し　安定的

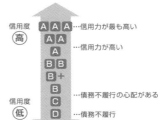

■格付事由
長野県に主要な営業地盤を置く八十二銀行と長野銀行との経営統合の基本合意を受け，JCR では，長野銀行の格付をクレジット・モニターに指定し，見直し方向をポジティブとしてきた。**八十二銀行の格付については，両行の規模の違いなどから経営統合による影響は限定的で，「ＡＡ」に見合う収益力，資産の健全性，資本の充実度が保たれているため，据え置きとした。**長野銀行の格付については，八十二銀行の完全子会社となったこと，26/3 期を目処に合併する方針であることなどを踏まえ，クレジット・モニターを解除し，八十二銀行と同格とした。

- 大きなトップラインシナジーは期待できない！
- コストシナジーを確実に実現！　確実に１＋１＝２を！

・経営統合シナジーの早期実現により経営基盤を強化し、「地域と共に成長できる銀行グループ」へと変革してまいります。

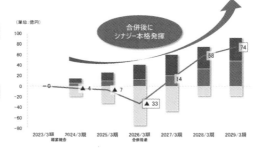

出所（八十二銀行・長野銀行「基盤的サービス維持計画」（2023 年 5 月））

・店舗網の維持（１）
・70か店の削減，八十二銀行の店舗数78%に！

長野県内の店舗網の維持に関しては，経営統合のシナジー効果の最大化を目指しつつ，お客さまの利便性に配慮し一定の店舗網を維持することを基本方針とする。**近隣に両行の店舗がない場合については，両行の統合後においても，店舗は維持することを基本とする。**

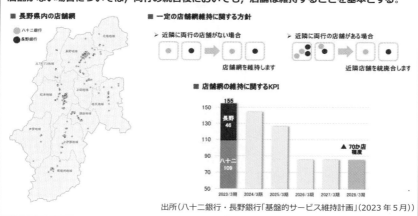

出所（八十二銀行・長野銀行「基盤的サービス維持計画」(2023年5月)）

・店舗網の維持（２）
・基本方針と金融調査結果

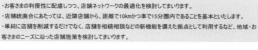

出所（八十二銀行・長野銀行「基盤的サービス維持計画」(2023年5月)）

金融調査結果では，基本方針の通りになるか**不安視**している。
↓
八十二銀行のニュースリリースでは，この方針に沿って合併前の統廃合を進めていることを丁寧に説明している。
↓
今後も，こうした取組を継続して**顧客との信頼関係**を構築すべき。
↓
顧客は安心して店舗の統廃合を受け入れられる

Ⅲ. ポイント・留意点
CONCERNS, INTEREST

【 CONCERNS 】
① 利便性・サービスの低下
② 借り入れの困難化
③ 競争環境の変化・悪化

【 INTEREST 】
① 八十二銀行のメリット
② シナジー効果と人員問題
③ 他金融機関の動向・展望

出所：八十二銀行ホームページ

・八十二銀行のメリットは・・・
・3つの仮説 → 共通するキーワード

① 長野銀行の救済合併
 ・長野銀行は将来的に破綻 ⇒ <u>長野県経済の混乱</u>
 ⇒ 破綻した場合の受皿銀行は八十二銀行しかない
 ⇒ 早期に救済合併したほうがコストが小さい

② 戦国時代の幕開け（国盗り合戦）
 ・第四北越銀行（新潟），山梨中央銀行が長野銀行と合併
 ⇒ 手強い（収益減），<u>長野県経済の混乱</u>

③ SBI「地銀連合」を回避
 ・SBIは全国の第二地銀と資本業務提携
 ⇒ 長野銀行の低迷 ⇒ <u>長野県経済の混乱</u>

- ・他金融機関について・・・
- ・地方銀行と差別化した取り組み → 健全な競争が県内金融機関の総合力を向上させ，県民の金融面での総合的な満足度の向上につながる

- これまでの八十二銀行と長野銀行の預金・貸金のシェアから考えて，**長崎県（十八銀行と親和銀行），新潟県（第四銀行と北越銀行）ほど他金融機関に及ぼす影響はないと考える（あくまでも比較的）。預金よりも事業性融資に関する影響が大きい。**
- 県内は**地方銀行が一行**となる。選択肢は少なくなる。一般的に（これまでの事例，本資料を見ても）合併した銀行は店舗の統廃合，業務の合理化を行う。これら，**すべてが既存顧客の利益・満足に結びつくわけではない。こうした事象は地域で共有すべき。**
- 各**信用金庫**は，地域密着のFace to Faceによる親身な対応，長崎県**信用組合**は，県内全域に支店網を備えた総合力対応，それぞれ株式会社ではない協同組織の特性をいかした，**地方銀行と差別化した取組が重要**と考える。県民に強み・魅力を訴求することで，地銀１行時代，県内に充実した金融の環境を構築することができる。
- **金融調査**において，各金融機関の満足度・要望点，経営統合に関しての期待と不安などが明らかとなる。他金融機関は，調査結果を参考にし，今後の取組に活かし，**地方銀行と差別化し魅力を訴求してほしい。それが，地銀１行時代の県内金融機関の総合力を向上させ，県民の金融面での総合的な満足度の向上につながる。**

金融調査について

- 調査名　**長野県内金融機関に関する県民意識調査（金融調査）**
- 調査対象　長野県内に居住する18歳から79歳までの有権者
- 調査数　2,500人（有効回答840人）・調査時期　2023年６〜７月
- 調査内容　①メインバンクとの関係（取引内容，満足度，要望など），②地域金融機関の展望（期待していること，要望など），**③八十二銀行と長野銀行との経営統合（期待すること，不安なこと，知りたい情報など）**，④金融リテラシー。

- 松本大学研究紀要（2024年３月）に調査結果を掲載した。
- 調査結果を分析・考察し，**各金融機関などにフィードバックした。**
- 調査目的：県民の経済・金融および金融機関に対する意識調査を行い，実態を明らかにし，結果を金融機関，長野県などにフィードバックし，県民の金融面での不安解消，満足度向上を図り，よりよい金融の環境・態勢の構築に貢献する。
- 両行の経営統合は，県民に経済・金融面で大きなインパクトを与える。県民の期待，不安，知りたいことなどを明らかにし，他金融機関も含め地域全体で共有し，両行には，タイムリーで適切な情報提供など施策の参考にしていただき，2年後の，県民が安心でき地域経済の持続的な発展に結び付く，スムーズな合併のお役に立ちたい。地域に根差し，地域貢献を理念に掲げる松本大学として地域貢献を実践したい。

IV. 金融調査から
（1）店舗の統廃合
・最も関心の高い 店舗の統廃合，果敢に進めるべき！

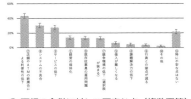

① 両行の合併に対して不安な点（複数回答）

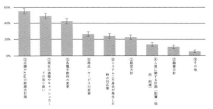

② 合併について知りたい情報（複数回答）

①不安な点
　店舗・ATMの統廃合による
　利便性の低下：43.5%
②知りたい情報
　店舗・ATMの統廃合計画
　55.2%

・金融機関の店舗は公共インフラ
　と考えられる。
・統廃合を進める環境下
　（人口減少，店舗利用者減等）
・コストシナジー実現のため
　果敢に進めるべき。
・地域金融機関にとって対面
　取引は強み・重要。
・顧客の理解も必要となる。
・IBの推進と併せて進める。

（2）インターネットバンキング
・60歳代から利用率低下，金融リテラシーと連関

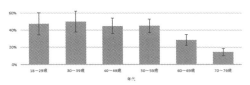

① 年代別にみたIBサービスの利用割合

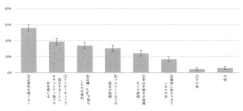

② IBサービスを利用しない理由（複数回答）

①IBサービスの利用割合
　長野県民の1/3（32.6%）
　60代：28.6%，70代：14.5%
②IBサービス不利用の理由
　必要性を感じない：55.9%
　セキュリティ不安：38.7%

・数年でIB利用割合の高い層が
　高齢者になる　→　統廃合を
　進める環境下。
・IBサービスは顧客にとっても
　利便性高く利益大。
・的確なセキュリティ対策，特
　に特殊詐欺対策が重要。
・顧客の金融リテラシーを高め
　ることが重要で金融機関の利
　益に戻ってくる。

（3）金融リテラシー
・資産の多い高齢者こそ必要，長野県版金融リテラシーを！

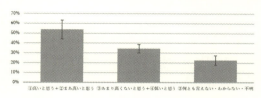

① 金融リテラシーの自己評価別にみたIBの利用割合

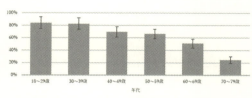

② 年代別の金融リテラシーを身に付けたい人の割合

① 金融リテラシーとIB利用
　高い・まあ高い：53.7%
　高くない・低い：34.4%
② 年代別の習得したい割合
　60歳代：50.8%
　70歳代：24.5%

・IBの推進は，顧客の金融リテラシーを高めること有効。金融商品の推進も。
・60歳以上に金融リテラシーの習得が必要。
・長野県は，全国金融リテラシー調査，2019年全国2位，22年同5位と高い。
・店舗の統廃合，IBのリスク対策など含めた「長野モデル」の創設 → 難航

Ⅴ．全体のまとめ

・「公表資料の検証」については，八十二銀行・長野銀行の合併担当役員・企画部長に報告した。
・「金融調査」については，長野県内金融機関（地方銀行，信用金庫，信用組合），関東財務局，日本銀行松本支店，長野県に**フィードバック**した。
・地域金融機関の将来の在り方の一方策を示した。
・金融機関の特性・強みを生かした**健全な競争**により顧客満足度の高い適正環境が構築・維持される。
・地域金融機関が健全経営を行い，地域とともに持続的に成長・発展していくためには，<u>**適正で健全な市場（必要とされる金融機関（だけ）が，適正な規模で存続できる市場）の創造**</u>が必要である。

主な参考文献

- 飯塚徹・浜崎央・上田敬「長野県内金融機関に関する県民意識調査」
  松本大学研究紀要第22号（2024年3月）
- 飯塚徹「長野県民の意識調査に見る地銀『１県１行時代』のあるべき姿」
  週刊金融財政事情（2024年5月）
- 飯塚徹『銀行論』藤原印刷（2020年4月）
- 野崎浩成『消える地銀生き残る地銀』日本経済新聞出版（2020年9月）
- 鹿野嘉昭『日本の金融制度第3版』東洋経済新報社（2013年6月）
- 大野晃・西島康隆『地域金融機関の合併の実務』金融財政事情研究会
  （2020年1月）
- 全国銀行協会企画部金融調査室『わが国の銀行』財経詳報社（2017年12月）
- 家森信善『金融論第3版』中央経済社（2022年5月）
- 藤波大三郎『コンパクト銀行論第2版』三恵社（2017年4月）

資料編 | 211

飯塚報告
「地域金融機関の将来の在り方について考察」
に対するコメント

2024年5月19日

東 洋 大 学

野 崎 浩 成

報告のポイント

- 地域銀行全般に経営環境の悪化，基盤収益の赤字化〜長野県内も人口減，事業所減

- 地域金融の持続可能性は，必要とされる金融機関が適正規模で存続できる市場の創造が必要〜再編は不可避

- トップラインシナジーは期待できないため，コストシナジーを確保すべき〜店舗統廃合は重要でその方針も周知

- 八十二再編の背景に係る仮説〜救済，他行再編予防，SBI関与回避

- 信金・信組は協同組織の特性を活かすべき〜地域密着のFace to Faceによる親身な対応で差別化

コメント

1. 社会的意義：多数の質問項目にもかかわらず840名の有効回答を得られたのは有益であり，経営へのフィードバックも意義深い
   ➡視点：ユーザーによる間接的エンゲージメントと言えるのでは

2. 統合シナジー：トップラインで実現しないという指摘であるが，効率化効果のみでは多様なステークホルダーに失望感も
   ➡視点：八十二銀行の機能を共有，長野銀行のRM人材の活性化

3. 店舗統廃合：統廃合の基本的考え方を公表したことについて，奏功しているとの指摘は正しいが，戦略的再編の余地も
   ➡視点：ゼロベースで店舗戦略（配置・規模・機能）再構築の機会

---

1. 社会的意義：多数の質問項目にもかかわらず840名の有効回答を得られたのは有益であり，経営へのフィードバックも意義深い
   ➡視点：ユーザーによる間接的エンゲージメントと言えるのでは

「合併の話題後，これを歓迎しない声を耳にすることが多かった。<u>組織が大きくなると数字だけを追求しがち</u>だが，これにより地方金融機関の良さ（融通性）が失われるのではという不安の声である。合併によるメリット・デメリットは当然予測されるが，あくまでも<u>利用者ファースト</u>に重きを置いて進めるべきと考える。市内には両行施設が実に沢山あり，合併による効率化・合理化は期待されるものの，そこに<u>働く人々は守られるのか</u>。他人事ながら実に気になる点ではある」
（60～69歳，女性）

2．統合シナジー：トップラインで実現しないという指摘であるが，効率化効果
　　　　　　　のみでは多様なステークホルダーに失望感も
　　➡視点：八十二銀行の機能を共有，長野銀行のRM人材の活性化

- 八十二インベストメントが2021年に投資専門会社として発足
- 2022年に八十二サステナビリティ１号投資事業有限責任組合を立ち上げ，ジャパンツーリズムファンド１（観光），ASF（EVモビリティ関連スタートアップ）投資実行
- 今後もエクイティでデットでの事業支援が期待できる
- 長野銀行の取引先や起業予備軍にも新しい機会を提供

3．店舗統廃合：統廃合の基本的考え方を公表したことについて，奏功しているとの指摘は正しいが，戦略的再編の余地も
　　➡視点：ゼロベースで店舗戦略（配置・規模・機能）再構築の機会

銀行チャネルの利用状況（重複あり）

出所：全国銀行協会「よりよい銀行づくりのためのアンケート」2013年，2016年，2019年，2021年発表（横軸は実施年）に基づき討論者

銀行有人店舗の利用状況

注：長野県の「利用なし」には，不明，年1回未満が含まれる
出所：全国は全国銀行協会「よりよい銀行づくりのためのアンケート」2021年発表（N=3,400），長野県は飯塚（2024）（N=840）に基づき討論者

質問　（地域金融の再編について）

1. 再編形態：経営統合の法的形態として，持ち株会社方式を取らなかった点をどう評価するか？
   - ➡視点：銀行から地域サービス業へ，新規事業許認可・届出
2. 地銀再編：独占禁止法特例法による地域市場内合併に関しての時限措置についてどう考えるか？
   - ➡視点：「市場」の定義，県内HH指数方式は時代遅れ

質問（ステークホルダーへの対応について）

3. 市場規律：預金者によるモニタリングに言及されているが，上場地銀に関しては株式市場による規律付けが期待できるのでは？
   - ➡視点：行政による代理モニタリング，株主構成の問題
4. 金融教育：「長野県モデル」を提唱されているが，具体的な地域における涵養の方策はあるか？
   - ➡視点：金融経済教育機構，個人顧客・職域・個人事業者

資料編 | 215

> 1．再編形態：経営統合の法的形態として，持ち株会社方式を取らなかった
> 点をどう評価するか？
> ➡視点：銀行から地域サービス業へ，新規事業許認可・届出

統合形態の類型化と期待される効果

持ち株会社名	設立時期	傘下銀行
ひろぎんHD	2020年10月	広島銀行
北國FHD	2021年10月	北國銀行
十六FG	2021年10月	十六銀行
おきなわFG	2021年10月	沖縄銀行
しずおかFG	2022年10月	静岡銀行
ちゅうぎんFG	2022年10月	中国銀行
いよぎんHD	2022年10月	伊予銀行

出所：金融庁，各社資料に基づき討論者

- ✓ 銀行持ち株会社が「持ち株会社並びにその子銀行及び特例銀行業高度化等会社の業務の健全かつ適切な運営に係る基準に適合」（銀行法52条の23の2第7項）すれば，届出による業務拡大が可能
- ✓ 銀行以外のビジネスとのリスク遮断構造も確保
- ✓ 銀行グループから地域総合サービスグループへ

統合形態の類型化と期待される効果

再編における統合形態		事例	予想される効果												
			経済的効果（コスト削減）					経済的効果（収入増加）				定性的影響・その他		
			店舗	人員	システム	業務・総務	PMI負荷	知見共有	情報共有	機能共有	既存ブランド	人事全般	戦略展開	資本政策
持ち株会社を伴う方法															
①	傘下銀行の独立性を維持	ほくほくFG, 山口FG, フィデアHD, 九州FG, コンコルディアFG, めぶきFG, 西日本FHD, あいちFG	△	△	△	○	○	◎	△	◎	◎	○	◎	○
②	傘下銀行の合併を実施 合併後も複数行存続	じもとHD, ふくおかFG, トモニHD, 関西みらいFG	○	○	○	○	△	◎	△	◎	○	○	◎	○
③	合併による単一行化 持ち株会社を存続	池田泉州FG, 十六FG, 東京きらぼしFG, 三十三FG, 第四北越FG, プロクレアHD	◎	◎	◎	◎	△	◎	○	◎	○	◎	◎	○
④	持ち株会社を解消	北洋, 紀陽	◎	◎	◎	◎	○	◎	○	◎	○	◎	◎	○
持ち株会社を伴わない方法															
⑤	銀行間の合併	筑波	◎	◎	◎	◎	△	◎	○	◎	○	◎	◎	○
	買収等による子会社化 現金対価													
⑥	連結子会社化	福井	△	△	△	△	○	△	○	△	◎	△	△	○
⑦	完全子会社化	横浜（神奈川）	△	○	○	○	○	○	○	○	◎	○	○	○
⑧	株式交換による完全子会社化	八十二，ふくおかFG（福岡中央）	△	○	○	○	○	○	○	○	◎	△	○	○

注1：十六FGの経営統合時は，⑤の銀行合併であるが，その後持株会社を設立したため，便宜上，③の類型に例示した。
注2：システムに関しては，統合形態を問わず統合の有無が影響するが，上記評価は統合への圧力がかかるかに基づくものとした。

出所：野崎浩成「経営統合スタイルの選択と予想される効果」『金融ジャーナル 64（5）』pp.14-19, 2023年5月

2．地銀再編：独占禁止法特例法による地域市場内合併に関しての時限措置についてどう考えるか？
➡視点：「市場」の定義，県内HH指数方式は時代遅れ

- 1997年所謂「店舗通達」廃止済み
- 都道府県単位で「市場」は定義できない
- 隣県への進出が簡単かつ当たり前の時代に
- 独占による超過利潤は市場参入により適正化

3．市場規律：預金者によるモニタリングに言及されているが，上場地銀に関しては株式市場による規律付けが期待できるのでは？
➡視点：行政による代理モニタリング，株主構成の問題

地方銀行（持ち株会社）のPBRとROEの関係

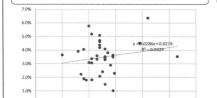
外国人株式保有比率15%未満のグループ

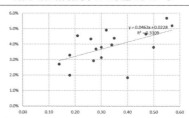
外国人株式保有比率15%以上のグループ

注：①ROEは2021年度連結ベース，②株価は2022年10月20日現在，③外国人保有比率は2022年3月末出所：各社開示資料，日本経済新聞電子版データにより討論者

4．金融教育：「長野県モデル」を提唱されているが，具体的な地域における
　　　　　　　涵養の方策はあるか？
　　➡視点：金融経済教育機構，個人顧客・職域・個人事業者

- インセンティブ付け
- 涵養の方法
- 金融機関としての作法
- 顧客本位原則

2024年5月

地域金融機関の将来の在り方について考察
―リプライ―

Ⅰ．フィードバック
Ⅱ．コメントに対して
Ⅲ．質問への回答
Ⅳ．結びに代えて

松本大学　松商短期大学部
経営情報学科　飯塚徹

Ⅰ．フィードバック（FB）

長野県内金融機関（八十二銀行，長野銀行，6信用金庫，信用組合）に対してFBを実施。
FB内容：調査結果 ＋ 他行比較 ＋ 改善の提案
⇒　金融機関で温度差 → FBを経営計画に！

長野県，金融当局（日本銀行松本支店，財務省関東財務局）に対してFBを実施。
FB内容：調査報告書の送付 ＋ 訪問し説明
⇒　長野県・金融当局は関心低い → 限界も！
⇒　**県内の金融環境の向上に結び付くか？**

Ⅱ．コメントに対して

① 社会的意義：多数の質問項目にもかかわらず840名の有効回答を得られたのは有益であり，経営へのフィードバックも意義深い
➡ 視点：ユーザーによる間接的エンゲージメントと言えるのでは
- **有効回答1,000名を目指したが，貴重なデータでエンゲージメントと考える。経営へのFBを，どのように活かすかが課題。**

② 統合シナジー：トップラインで実現しないという指摘であるが，効率化効果のみでは多様なステークホルダーに失望感も
➡ 視点：八十二銀行の機能を共有，長野銀行のRM人材の活性化
- **コストS効果だけでは夢がない。同地域の地方銀行の合併によるトップラインSは限界もあるが，最大限発揮してほしい（期待）。**

③ 店舗統廃合：統廃合の基本的考え方を公表したことについて，奏功しているとの指摘は正しいが，戦略的再編の余地も
➡ 視点：ゼロベースで店舗戦略（配置・規模・機能）再構築の機会
- **銀行店舗は公共インフラと考えられ，まずは基本方針に沿って信頼関係を築き統廃合を進める。第2段階で戦略的再編を進める。**

Ⅲ．質問への回答 ① 再編形態

① 再編形態： 経営統合の法的形態として，持ち株会社方式を取らなかった点をどう評価するか？
➡ 視点：銀行から地域サービス業へ，新規事業許認可・届出

- **持ち株会社方式により，届出による業務拡大が可能，リスク遮断構造も確保でき，地域総合サービス業へ展開できる。**
- **八十二銀行と長野銀行の合併の最も大きな目的は，県内経済の安定のための救済合併と考えられる。合併が必須！**
- **持ち株会社を伴う方法による，合併による単一行化では，期間を要し，早期の合併＝救済ができない。時間を重視！**

Ⅲ．質問への回答 ② 地銀再編

② 地銀再編： 独占禁止法特例法による地域市場内合併に
  関しての時限措置についてどう考えるか？
  ➡ 視点：「市場」の定義，県内HH指数方式は時代遅れ

- ふくおかFG・十八銀行の経営統合 ➡ 特例法の制定
  対馬等３経済圏，１千億円の債権譲渡，<u>金利等モニタリング</u>
- 青森銀行・みちのく銀行の経営統合：金融庁の初認可
  貸出シェア7割超，人口減少率全国２位。東北圏が市場！
- 八十二銀行・長野銀行の経営統合：<u>不当な不利益の防止</u>
- 市場は経済圏で！　一方で，県信用保証協会，制度資金。
- 県内市場の意義 ⇒ 「不当な不利益」防止モニタリング？
- 特例法の時限措置は統合インセンティブ，金融庁リード！

【参考文献】
柳武史「独占禁止法の特例法（令和2年法律第32号）の位置付けについて
―地域銀行の経営統合を中心として―」一橋法学第21巻第3号（2022年11月）
白石忠「独占禁止法第4版」（有斐閣．2023）

Ⅲ．質問への回答 ③ 市場規律

③ 市場規律：預金者によるモニタリングに言及されているが，上場地銀に
  関しては株式市場による規律付が期待できるのでは？
  ➡ 視点：行政による代理モニタリング，株主構成の問題

- 地方銀行（持ち株会社）のPBRとROEの関係から違いは明白。
  八十二銀行は外国人株式保有比率が低い。長期安定株主多い。
- 株主は短期的な利益を重視し，ノイズが大きい（翁（2010）他）
- 地方公共団体は，決済用預金で預入 ➡ 市場規律の担い手×
⇒ 劣後債保有者は少なく，<u>預金者規律</u>が現実的と考える。
⇒ <u>信用格付の重要性</u>！

松本市の公金預金（2021年）

	普通預金（無利息）	普通預金（利息付）	合計
八十二銀行		5,185,401,225	5,185,401,225
長野銀行	34,919,213		34,919,213
みずほ銀行	5,728,990		5,728,990
りそな銀行	4,888,430		4,888,430
ゆうちょ銀行	27,213,206		27,213,206
松本信用金庫	32,075,731		32,075,731
長野県信用組合	4,504,780		4,504,780
長野県労働金庫		590,320	590,320
松本ハイランド農業協同組合	10,761,323		10,761,323
あづみ農業協同組合	545,930		545,930
合計	120,637,603	5,185,991,545	5,306,629,148

出所：松本市会計課

長野市の公金預金（2021年）

	普通預金（無利息）
八十二銀行	3,074,064,332
長野銀行	12,126,889
みずほ銀行	2,843,687
三井住友銀行	395,619
北陸銀行	1,952,488
ゆうちょ銀行	17,183,413
長野信用金庫	27,926,977
長野県信用組合	10,173,758
長野県信用農業協同組合連合会	18,161,635
長野県労働金庫	66,570
ながの農業協同組合	10,194,089
グリーン長野農業協同組合	4,217,744
合計	3,179,307,201

出所：長野市会計課

Ⅲ. 質問への回答 ④ 金融教育

④ 金融教育:「長野県モデル」を提唱されているが,具体的な地域における涵養の方策はあるか？
  ➡ 視点：金融経済教育機構,個人顧客・職域・個人事業者

- **長野県モデルとは,一般的な「金融リテラシー」に,地域金融機関の店舗統廃合の必要性の理解,<u>インターネット・バンキングの必要性やリスク対処策</u>などを融合したもの。**
- **長野県は金融リテラシー全国2位（2019）,5位（2022）**
- **特殊詐欺,インターネット・バンキング被害が拡大**
- ⇒ <u>**金融リテラシーの高い県を目指す！（金融リテラシー立県！）**</u>
- ⇒ <u>**県内金融機関の収益拡大（合理化推進,金融取引増加）**</u>
- ① <u>書籍を発刊予定</u>,② <u>県・日本銀行・金融広報委員会と協働</u>,
- ③ <u>金融機関と協働</u>（顧客・職域・事業者など）,④ <u>J-FLEC</u>,
- ⑤ <u>日本FP協会</u>,⑥ <u>金融リテラシー検定（金融財政事情研究会）</u>
- ❶ 費用（科研費,FP協会研究奨励金,ゆうちょ財団研究助成）
- ❷ インセンティブ困難（県,金融機関,顧客） ❶❷は限界も！

Ⅳ. 結びに代えて

- 貴重な機会を与えていただき有難うございました。
- 討論をお引き受けいただき,的確なコメントを作成いただいた**野崎浩成教授**,誠に有難うございました。
  リプライを考えて作成し,とても参考になりました。
- 本報告に金融リテラシーの章を加えた書籍を8月に発刊予定
  （株式会社創成社から発刊）。
- 現在,県内の**法人**を対象とした金融調査を計画している
  ⇒ **2025年度の日本金融学会大会で報告予定！**
- 地域金融機関が健全経営を行い,地域とともに持続的に成長・発展していくためには,**適正で健全な市場（必要とされる金融機関（だけ）が,適正な規模で存続できる市場）の創造が必要である。**

索　引

A−Z

iDeCo ……………………………… 118
PBR（Price Book-value Ratio）……… 96
PER（株価収益率）………………… 94
S字カーブ …………………………… 87
TBTF（Too big to fail）問題 …… 52
WPP ………………………………… 127

ア

足利銀行………………………………… 52
新しいNISA（新NISA）
　………………………… 43, 70, 118, 137
一括投資 ……………………………… 144
伊藤レポート ………………………… 83
インターネット専業銀行 …………… 65
インターネットバンキング・サービス
　………………………………………… 17
インデックス・ファンド …………… 96
インフレ目標 ………………… 88, 143
ウォーレン・バフェット ………… 129

カ

海外投資家 …………………………… 81
改正金融機能強化法 ………………… 51
株式 …………………………………… 114
　――持ち合い ……………………… 81
株主利益の最大化 …………………… 66
期待インフレ率 …………………… 132

期待理論 ……………………………… 94
逆選択 ………………………………… 101
銀行中心の金融システム ………… 106
銀行法 ………………………… 63, 65
金融広報委員会 ……………… 48, 73
金融コングロマリット …………… 110
金融システム ……………………… 100
金融的流通 ………………………… 100
金融包摂 ……………………………… 96
金融リテラシー …………………… 117
　――・ギャップ …………………… 48
　――調査 …………………… 48, 125
グローバル化 ……………………… 121
経営破綻 ……………………… 55, 59
現在バイアス ………………………… 97
現状維持バイアス ………………… 126
健全な競争 …………………… 65, 71
現代ポートフォリオ理論 ………… 115
行動経済学 ………………………… 125
行動バイアス ………………… 97, 125
個人向け国債 ……………………… 141
コーポレート・ガバナンス・コード… 87

サ

債券 …………………………………… 114
サブプライムローン問題 ………… 109
産業的流通 ………………………… 100
仕組債 ……………………………… 145
自己資本利益率（ROE）…………… 84

市場インフラ……………………… 107, 109
市場型間接金融………………………… 106
市場規律………………………………… 52
市場中心の金融システム……………… 106
質の保証………………………………… 106
シャープ・レシオ……………………… 122
就職氷河期……………………………… 150
終身雇用………………………………… 89
住宅ローン……………………………… 93
情報開示（ディスクロージャー）
　………………………………… 52, 103
情報生産………………………………… 103
情報の非対称性………………………… 100
上方バイアス…………………………… 88
人材版伊藤レポート 2.0 ……………… 151
人生3大資金…………………………… 93
新卒一括採用…………………………… 90
人的資本経営…………………………… 151
成長エンジン…………………………… 108
全要素生産性（TFP）………………… 86
相関係数………………………………… 115
相乗効果（コスト・シナジー）……… 61

タ

対面取引………………………………… 65
ターゲット・デート・ファンド（TDF）
　………………………………………… 136
「ただ乗り」問題……………………… 104
タテ社会………………………………… 82
地域銀行………………………………… 111
地域密着型……………………………… 99
　───営業…………………………… 99
チャールズ・エリス…………………… 134
中途採用忌避…………………………… 90
長期投資………………………………… 150
「重複生産」問題……………………… 104

貯蓄から投資へ………………………… 136
積立投資………………………………… 144
つみたて投資枠………………………… 96
定期昇給………………………………… 90
デジタル化……………………………… 121
デフレ…………………………………… 88
デリバティブ（金融派生商品）……… 145
店舗の統廃合……………………… 61, 71
投資信託…………………………… 7, 114
特例法…………………………………… 51

ナ

ナッジ（Nudge）……………………… 125
南都銀行………………………………… 63
日本的経営……………………………… 81
年金積立金管理運用独立行政法人
　（GPIF）……………………………… 130
年功序列制……………………………… 89
ノンリコース・ローン………………… 116

ハ

八十二長野銀行……………… 59, 70, 71
バブル経済……………………………… 116
バランス・ファンド…………………… 136
人手不足経済…………………………… 138
標準偏差………………………………… 120
ビルディング・ブロック法…………… 133
フィンテック（FinTech）…………… 148
物価連動国債…………………………… 132
フラット 35 …………………………… 116
プロスペクト理論……………………… 140
分散投資………………………………… 114
保険商品………………………………… 11

マ

マクロ経済スライド…………………… 137

ミスプライス················· 107
メインバンク（制）········· 6, 43, 81
メガバンク·················· 65, 69
メンバーシップ型社員············· 82
モニタリング····················· 108
模倣による成長··················· 108
モラル・ハザード··········· 52, 102

ヤ

預金保険制度······················ 52
予定利率························ 138

ラ

ライフサイクル··················· 89

―――仮説···················· 114
リスクシェアリング·············· 109
リスクプレミアム················ 135
リーマン・ショック··············· 86
レモンの原理···················· 102
老後2,000万円問題········ 118, 131
労働移動························· 89
労働時間························· 86
労働生産性······················· 92
労働分配率······················· 83

ワ

ワーク・ロンガー················ 118

《著者紹介》（執筆順）

第1章「金融調査の内容・結果」

浜崎　央（はまさき・ひろし）

　松本大学松商短期大学部経営情報学科長・教授，松本大学副学長
　1995年3月，筑波大学大学院理工学研究科理工学専攻修士課程修了（工学修士）
　1998年3月，筑波大学大学院工学研究科物理工学専攻博士課程修了（工学博士）
　高エネルギー物理学研究所協力研究員などを経て，2002年4月から准教授を経て現職。
　専門は情報工学，教育工学

第2章「金融調査からの考察・展開」，はじめに，あとがき

飯塚　徹（いいづか・とおる）

　松本大学松商短期大学部経営情報学科教授
　2003年3月，東京大学大学院法学政治学研究科修了（法学修士）
　2023年3月，一橋大学大学院法学研究科修了（経営法博士）
　八十二銀行勤務を経て，2009年4月から准教授を経て現職。
　専門は金融法，地域金融
　主な著書に，『金融セーフティネットの再構築』（日本評論社，2024），『大学生のための法的思考入門』（共著，みらい，2023），『銀行論』（藤原印刷，2020）など。

第3章「金融リテラシーの基礎・展開」

藤波大三郎（ふじなみ・だいさぶろう）

　中央大学商学部兼任講師
　1978年3月，東京大学法学部卒業（法学士）
　1978年4月，太陽神戸銀行（現三井住友銀行）入行，ルクセンブルグさくら銀行副社長，三井住友銀行人事部研修所上席所長代理，松本大学松商短期大学部経営情報学科教授，目白大学短期大学部ビジネス社会学科教授などを経て，2023年4月から現職。
　専門は金融論
　主な著書に，『たのしく学べるファイナンシャル・プランニング（改訂版）』（創成社，2017），『わが国の銀行行動と金融システム―イノベーションを視点とした5つの試論―』（三恵社，2015），『シニアのための堅実な資産運用』（松本大学出版会，2014）など。

（検印省略）

2024年9月10日　初版発行　　　　　　　　　　略称—地域金融

地域金融機関の将来の在り方 I
―長野県の地域金融機関を事例に（個人取引編）―

　　　　　　　　飯塚　　徹
　　　著　者　　浜崎　　央
　　　　　　　　藤波大三郎
　　　発行者　　塚田　尚寛

発行所　東京都文京区　　株式会社　創成社
　　　　春日2-13-1
　　　　電　話　03（3868）3867　　FAX 03（5802）6802
　　　　出版部　03（3868）3857　　FAX 03（5802）6801
　　　　http://www.books-sosei.com　　振　替　00150-9-191261

定価はカバーに表示してあります。

©2024 Toru Iizuka,　　　組版：ワードトップ　印刷：エーヴィスシステムズ
　　　Hiroshi Hamasaki,　　製本：エーヴィスシステムズ
　　　Daisaburo Fujinami　　落丁・乱丁本はお取り替えいたします。
ISBN978-4-7944-3253-7　C3033
Printed in Japan

―― 経済学選書 ――

書名	著者	種別	価格
地域金融機関の将来の在り方Ⅰ ―長野県の地域金融機関を事例に（個人取引編）―	飯塚 徹央 浜崎 藤波 大三郎	著	2,700円
投資家のための「世界経済」概略マップ	取越 達哉 田端 克至 中井 誠	著	2,500円
現代社会を考えるための経済史	髙橋 美由紀	編著	2,800円
財政学	栗林 隆 江波戸 順史 山田 直夫 原田 誠	編著	3,500円
テキストブック租税論	篠原 正博	編著	3,200円
テキストブック地方財政	篠原 正博 大澤 俊一 山下 耕治	編著	2,500円
世界貿易のネットワーク	国際連盟経済情報局 佐藤 純	著訳	3,200円
みんなが知りたいアメリカ経済	田端 克至	著	2,600円
自動車産業のパラダイムシフトと地域	折橋 伸哉	編著	3,000円
「復興のエンジン」としての観光 ―「自然災害に強い観光地」とは―	室崎 益輝 橋本 俊哉	監修・著 編著	2,000円
復興から学ぶ市民参加型のまちづくりⅡ ―ソーシャルビジネスと地域コミュニティ―	風見 正三 佐々木 秀之	編著	1,600円
復興から学ぶ市民参加型のまちづくり ―中間支援とネットワーキング―	風見 正三 佐々木 秀之	編著	2,000円
福祉の総合政策	駒村 康平	編著	3,200円
環境経済学入門講義	浜本 光紹	著	1,900円
マクロ経済分析 ―ケインズの経済学―	佐々木 浩二	著	1,900円
入門経済学	飯田 幸裕 岩田 幸訓	著	1,700円
マクロ経済学のエッセンス	大野 裕之	著	2,000円
国際経済学の基礎「100項目」	多和田 眞 近藤 健児	編著	2,700円
ファーストステップ経済数学	近藤 健児	著	1,600円

（本体価格）

―― 創成社 ――